---

500 Hidden Secrets
BERLIN

EINLEITUNG

Dieses Buch ist ein Leitfaden für Leser, die das wahre Berlin entdecken wollen. Die 500 hier vorgestellten Tipps wurden von der Autorin Nathalie Dewalhens, die vor fünf Jahren ihr Herz an die Stadt verlor, sorgfältig ausgewählt.

Es wurde bewusst darauf verzichtet, all die bekannten Sehenswürdigkeiten der Stadt aufzulisten, denn es gibt bereits genug Bücher und Websites zu den ausgetretenen Touristenpfaden. Vielmehr soll der Leser Neues und Unerwartetes entdecken, etwa ein kleines türkisches Restaurant in der Nähe eines Kanals oder eine Fotogalerie in einem versteckten Innenhof. Die Auswahl ist sehr persönlich, aber das bedeutet nicht, dass die vorgestellten Tipps einfach nur die Vorlieben der Autorin widerspiegeln. Stattdessen will sie so viele verschiedene Seiten Berlins wie möglich vorstellen: Das quirlige, hippe Berlin mit all seinen veganen und glutenfreien Kaffeebars und Bartträgern ebenso wie das üppige, grüne Berlin mit seinen einzigartigen Parks und Seen und das großartige (ehemalige) Westberlin. Und selbstverständlich hat die Autorin dabei auch nicht das pulsierende, wilde Berliner Nachtleben vergessen.

Wir hoffen, dass Sie mit diesem Buch in der Tasche auf Entdeckungstour gehen. Täglich kommen neue Designer und Künstler in die Stadt und eröffnen dort Geschäfte, ebenso entstehen neue Museen und Galerien. Die Stadt ist ständig in Bewegung. Eigentlich befindet sie sich immer noch im (Wieder-)Aufbau – was die vielen Baukräne eindrucksvoll zeigen. Mit diesem Buch in den Händen und mit offenen Augen und offenem Herzen werden Sie schnell verstehen, warum Berlin eine der interessantesten und beliebtesten Städte Europas ist.

ÜBER DAS BUCH

Dieser Reiseführer listet 500 wissenswerte Tipps zu Berlin in 100 verschiedenen Kategorien auf. Bei den meisten handelt es sich um Orte, deren Besuch sich lohnt, und praktische Informationen, die Ihnen helfen sollen, sich zurechtzufinden und die Stadt und ihre Bewohner besser kennenzulernen. Dieses Buch soll inspirieren, anstatt die Stadt von A bis Z zu erfassen.

Zu jedem Eintrag sind eine Nummer, die Adresse sowie der jeweilgen Stadtbezirk (z. B. Friedrichshain oder Mitte) angegeben, damit sie die Orte auf den Karten am Anfang des Buches finden. Suchen Sie nach der Karte des entsprechenden Stadtteils und dann nach der Nummer. Wichtiger Hinweis: Diese Karten sind nicht besonders detailliert und können nur einen groben Überblick geben. Einen genaueren Stadtplan erhalten Sie bei jeder Touristeninformation oder im Hotel. Oder geben Sie die Adresse einfach in Ihr Smartphone ein.

Bitte denken Sie auch daran, dass eine Großstadt wie Berlin sich ständig verändert, dass der hochgelobte Chefkoch vielleicht ausgerechnet bei Ihrem Besuch einen schlechten Tag hat. Oder dass ein in diesem Buch so ausgezeichnet bewertetes Hotel inzwischen unter neuem Management vielleicht seine Qualität einbüßt. Dazu ist die hier vorgestellte Auswahl eine sehr persönliche, mit der Sie nicht immer übereinstimmen werden. Wenn Sie einen Kommentar hinterlassen, eine Bar empfehlen oder Ihren Lieblingsort verraten wollen, besuchen Sie bitte *www.the500hiddensecrets.com* – hier finden Sie auch Tipps und Neuigkeiten zu dieser Buchreihe – oder folgen Sie *@500hiddensecrets* auf Instagram.

DIE AUTORIN

Nach Belgien, Korsika und Südfrankreich verschlug es Nathalie Dewalhens vor fünf Jahren nach Berlin. Sie verliebte sich in die Stadt und machte sie zu ihrem Zuhause, obwohl sie auch gerne Zeit in ihrem kleinen Häuschen mitten in Andalusien verbringt.

Nathalie ist viel unterwegs und erkundet Berlin mit dem Fahrrad. Dabei hält sie hin und wieder bei einer netten Bar an, um einen Soja-Cappuccino zu schlürfen. Sie betreibt das Poetry Brothel Berlin und schreibt und reimt über die wirklich wichtigen Dinge des Lebens. Und manchmal geht sie einfach in einen der vielen Parks, um mit Freunden ein Eis zu essen oder ein Bier zu trinken. Viele ihrer Lieblingsplätze befinden sich im ehemaligen Niemandsland, wo früher Mauer und Todesstreifen waren. Sie ist fasziniert davon, wie die Stadt mit ihrer turbulenten Vergangenheit umgeht und jedes Viertel seine Geschichte und Eigenständigkeit bewahrt. Ebenso gut gefällt ihr, wie grün die Stadt immer noch ist – Parks, Wälder, Seen, Flüsse und Kanäle nehmen mehr als 30 Prozent ihrer Fläche ein –, und wie aufgeschlossen die Menschen sind: In Berlin geht es darum, wer man ist, nicht darum, wie man aussieht.

Die Autorin möchte sich bei Dettie und Marc vom Luster Verlag für die gute Zusammenarbeit bedanken. Dasselbe gilt für Philipp, der die Bilder für dieses Buch gemacht hat. Danke auch an ihre lieben Ossi-Freunde Swantje und Katrin für alle Infos über die ehemalige DDR. Sie möchte sich bei ihren Kindern Louise und Elmo dafür entschuldigen, dass sie ihre mütterlichen Pflichten beim Näherrücken der Deadline etwas vernachlässigt hat. Und nicht zuletzt möchte sie sich bei allen bedanken, die sich für diese wunderbare Stadt interessieren.

BERLIN
Übersicht

Karte 1
MITTE

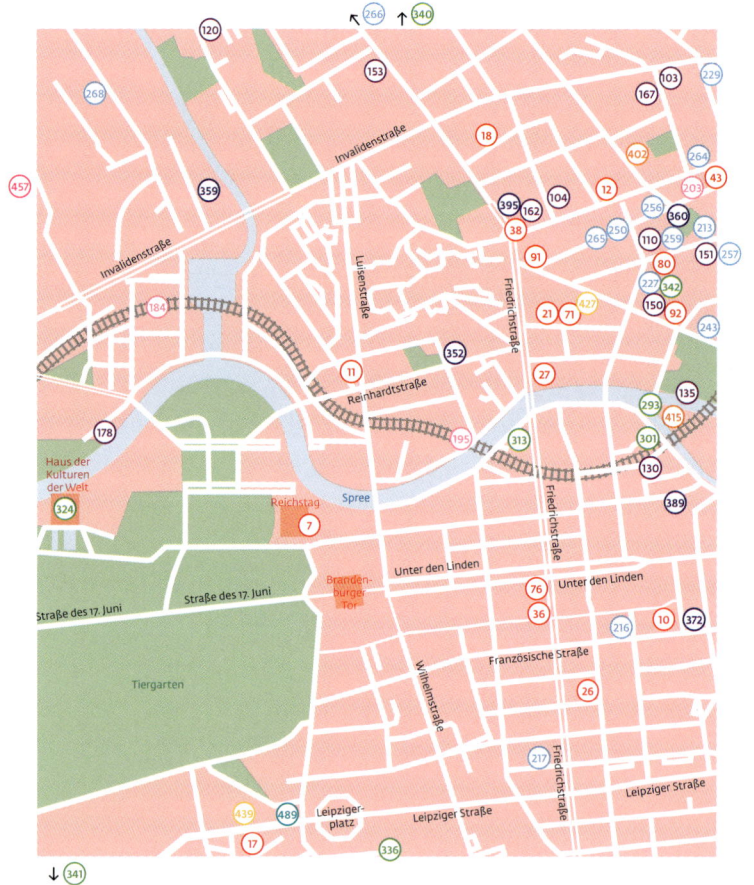

ESSEN — TRINKEN — SHOPPEN — AUSGEHEN — ENTDECKEN — KULTUR — KINDER — SCHLAFEN — WOCHENENDE — QUERBEET

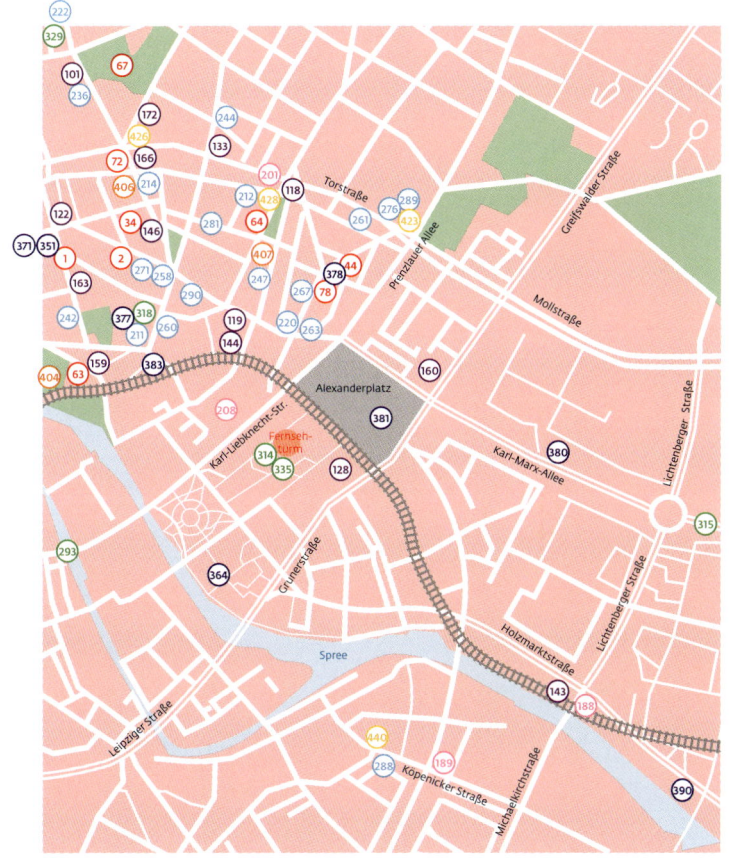

Karte 2
KREUZBERG

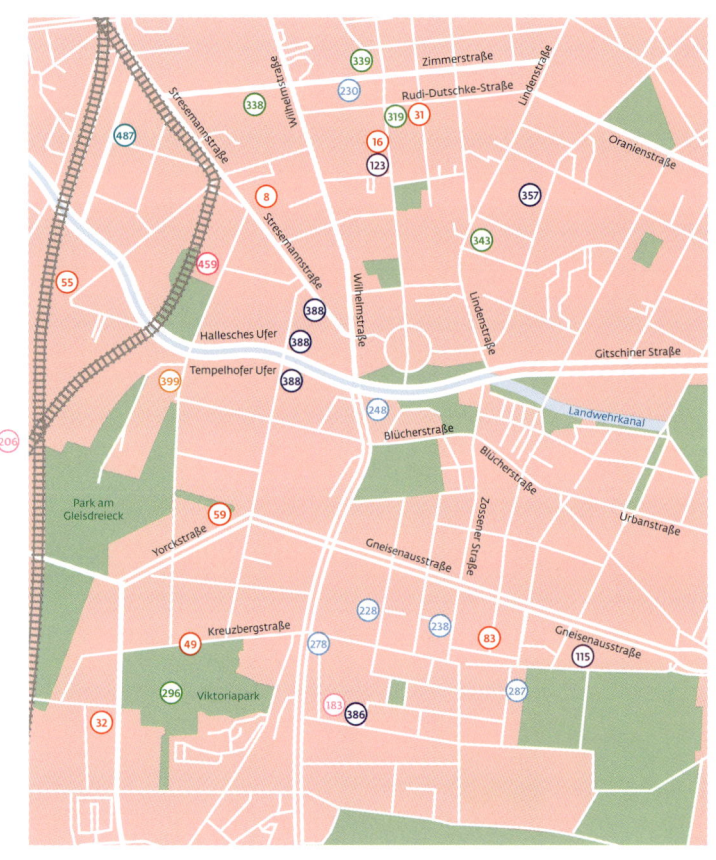

ESSEN – TRINKEN – SHOPPEN – AUSGEHEN – ENTDECKEN – KULTUR – KINDER – SCHLAFEN – WOCHENENDE – QUERBEET

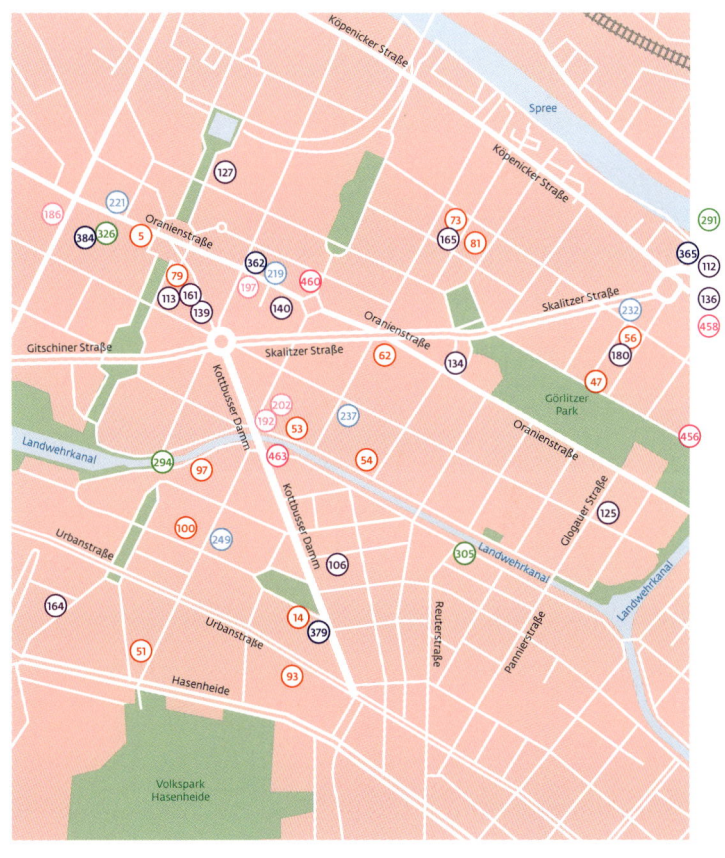

ESSEN – TRINKEN – SHOPPEN – AUSGEHEN – ENTDECKEN – KULTUR – KINDER – SCHLAFEN – WOCHENENDE – QUERBEET

Karte 3
PRENZLAUER BERG

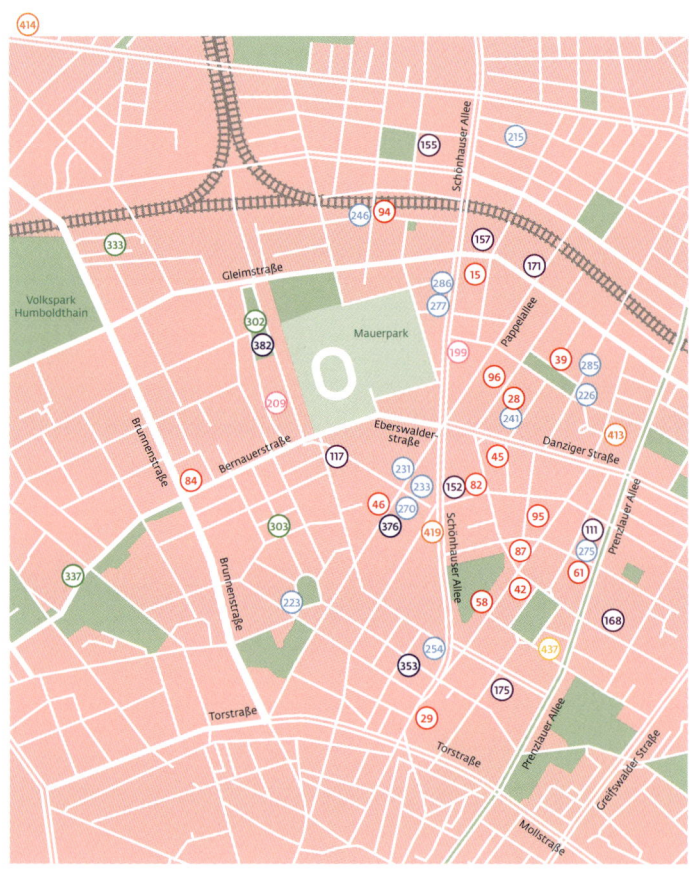

ESSEN – TRINKEN – SHOPPEN – AUSGEHEN – ENTDECKEN – KULTUR – KINDER – SCHLAFEN – WOCHENENDE – QUERBEET

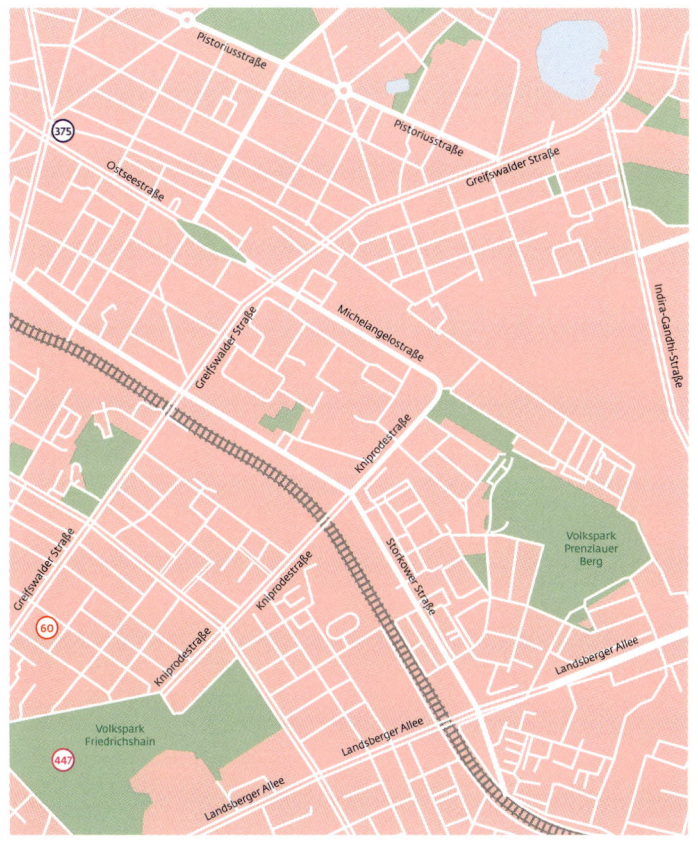

ESSEN – TRINKEN – SHOPPEN – AUSGEHEN – ENTDECKEN – **KULTUR** – KINDER – SCHLAFEN – WOCHENENDE – QUERBEET

Karte 4
FRIEDRICHSHAIN

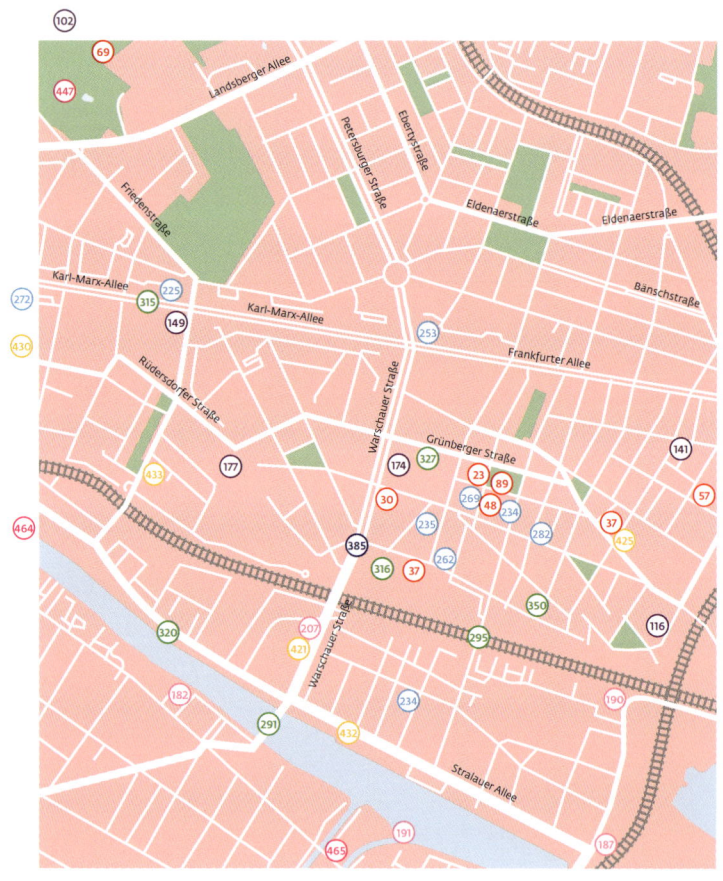

ESSEN – TRINKEN – SHOPPEN – AUSGEHEN – ENTDECKEN – KULTUR – KINDER – SCHLAFEN – WOCHENENDE – QUERBEET

Karte 5
TREPTOW

ESSEN — **TRINKEN** — **SHOPPEN** — **AUSGEHEN** — **ENTDECKEN** — **KULTUR** — **KINDER** — **SCHLAFEN** — **WOCHENENDE** — **QUERBEET**

Karte 6
NEUKÖLLN

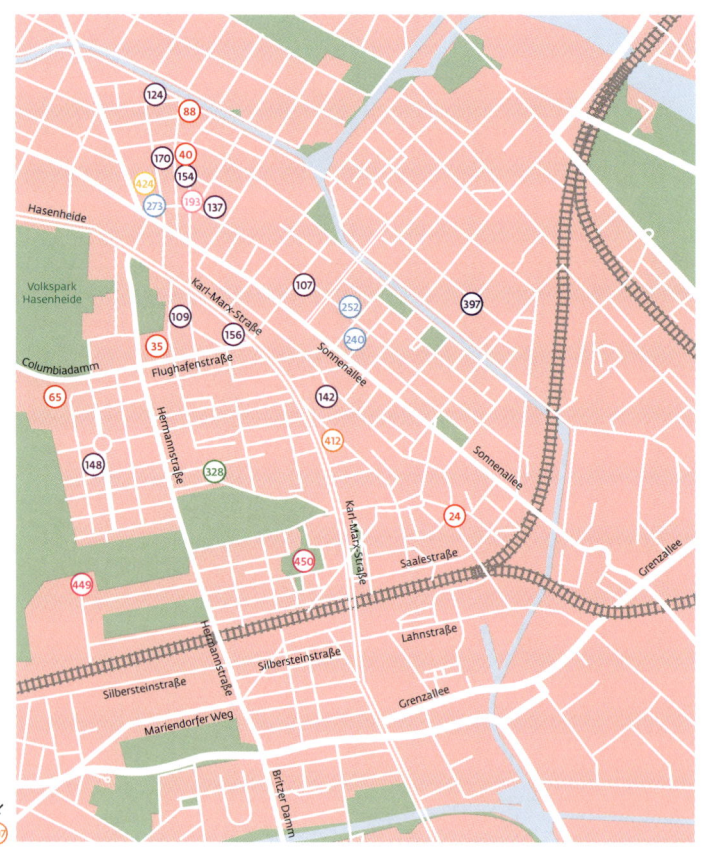

ESSEN – TRINKEN – SHOPPEN – AUSGEHEN – ENTDECKEN – KULTUR – KINDER – SCHLAFEN – WOCHENENDE – QUERBEET

Karte 7
SCHÖNEBERG

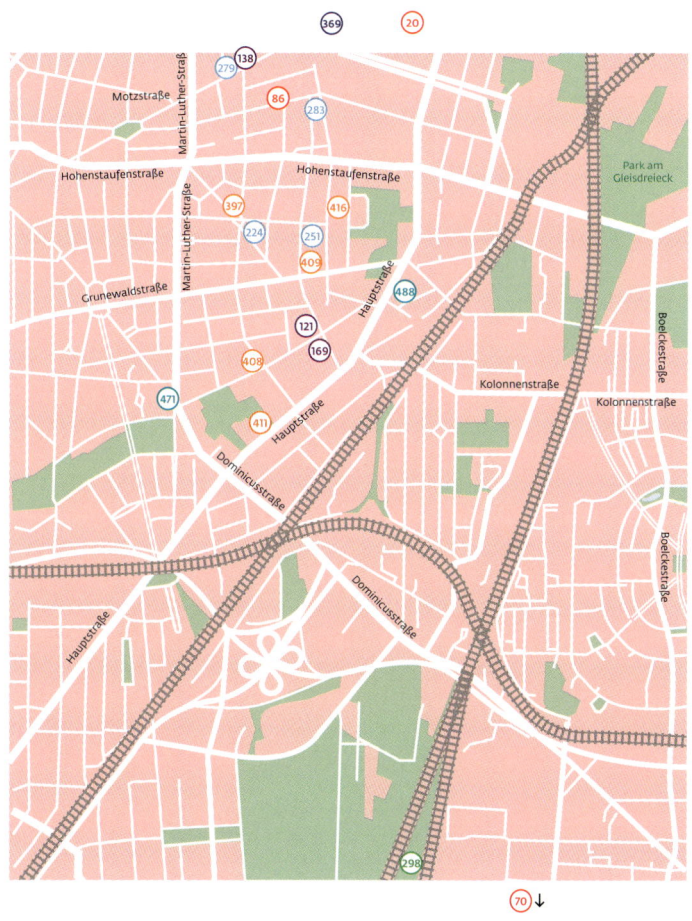

ESSEN — TRINKEN — SHOPPEN — AUSGEHEN — ENTDECKEN — KULTUR — KINDER — SCHLAFEN — WOCHENENDE — QUERBEET

Karte 8
TIERGARTEN

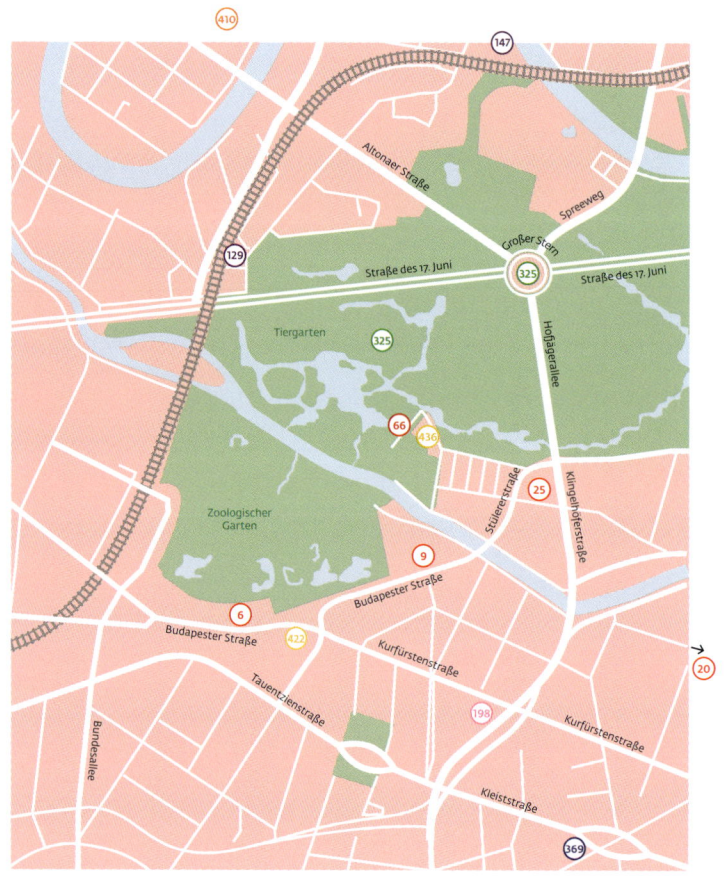

ESSEN – TRINKEN – SHOPPEN – AUSGEHEN – ENTDECKEN – KULTUR – KINDER – SCHLAFEN – WOCHENENDE – QUERBEET

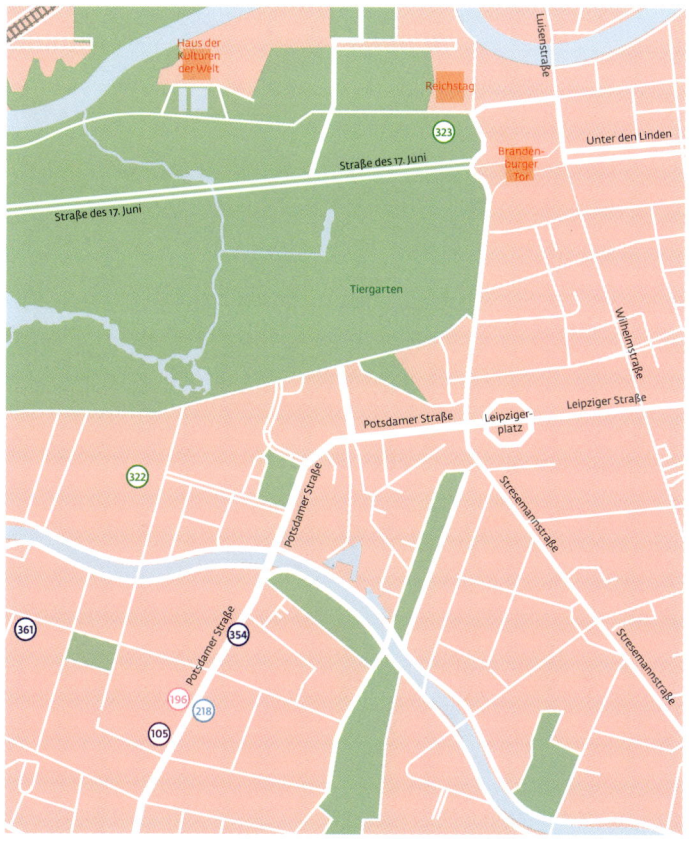

ESSEN – TRINKEN – SHOPPEN – AUSGEHEN – ENTDECKEN – KULTUR – KINDER – SCHLAFEN – WOCHENENDE – QUERBEET

Karte 9
CHARLOTTENBURG

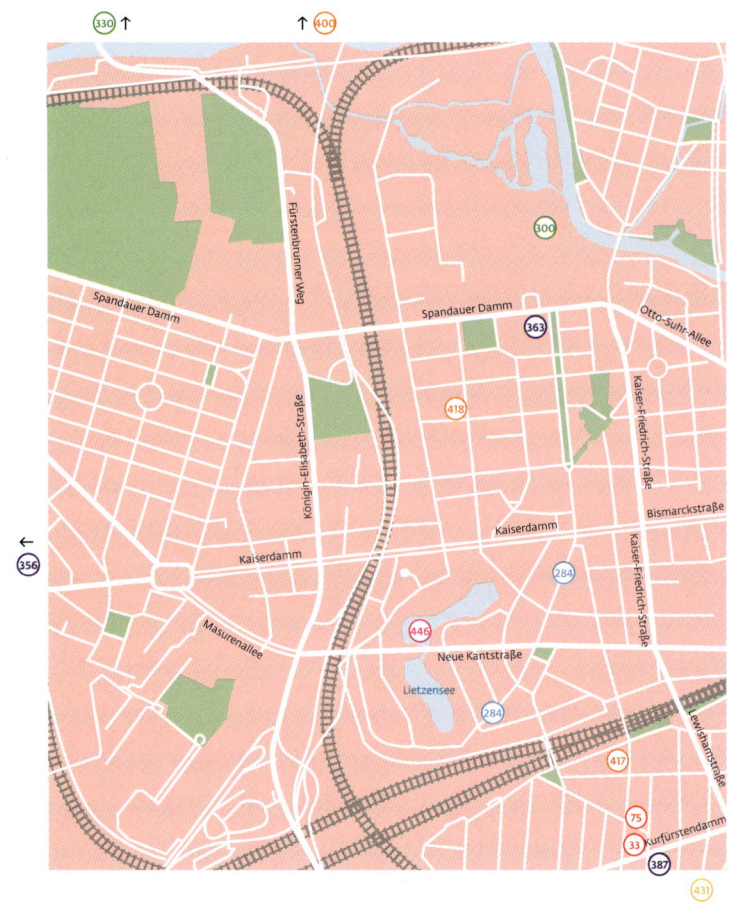

ESSEN – TRINKEN – SHOPPEN – AUSGEHEN – ENTDECKEN – KULTUR – KINDER – SCHLAFEN – WOCHENENDE – QUERBEET

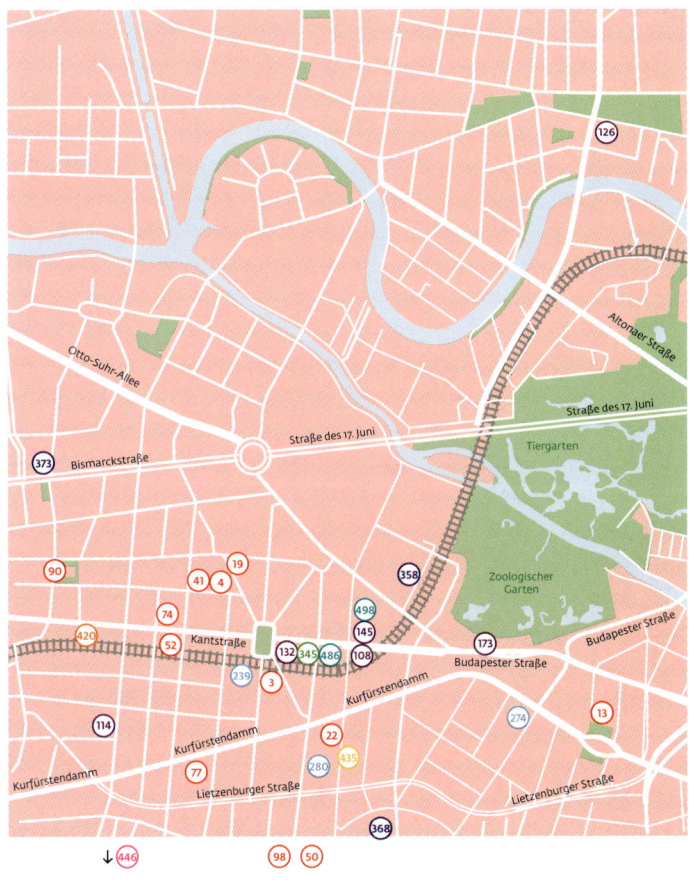

ESSEN – TRINKEN – SHOPPEN – AUSGEHEN – ENTDECKEN – KULTUR – KINDER – SCHLAFEN – WOCHENENDE – QUERBEET

Karte 10
WEDDING

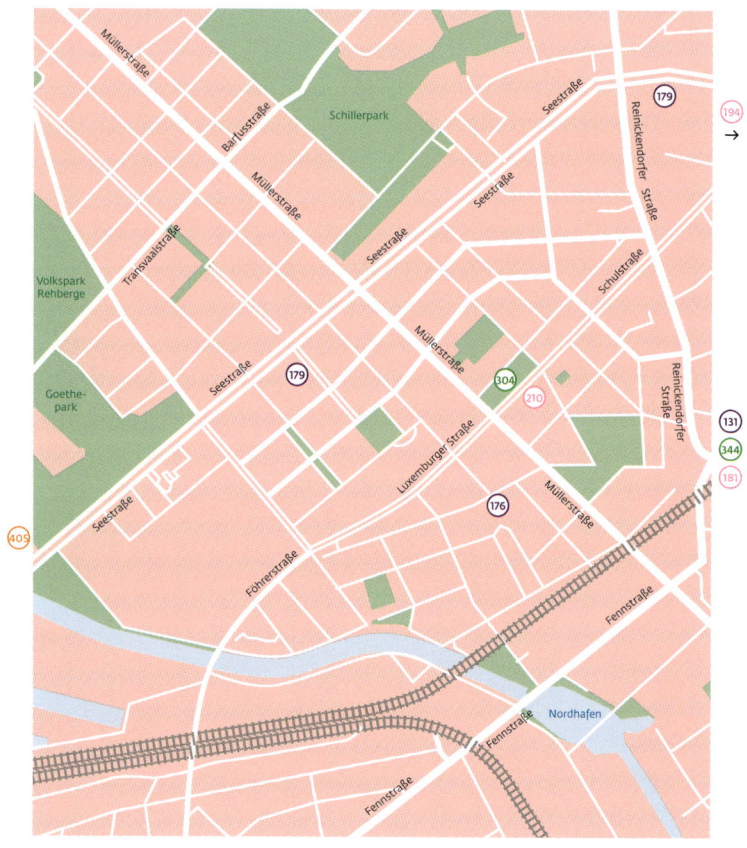

ESSEN — **TRINKEN** — **SHOPPEN** — **AUSGEHEN** — **ENTDECKEN** — **KULTUR** — **KINDER** — **SCHLAFEN** — **WOCHENENDE** — **QUERBEET**

100 ORTE FÜR GUTES ESSEN

Die 5 besten Adressen für **BERLINER KÜCHE** —— 28

5 Restaurants mit einer **SCHÖNEN AUSSICHT** — 30

Die 5 besten **IMBISSE** *der Stadt* ———————— 32

5 **EXQUISITE** *Restaurants* ———————————— 34

5 Orte für ein **PERFEKTES MITTAGESSEN** —— 36

5 Adressen für ausgezeichnete
FLEISCHGERICHTE ——————————————— 38

Die 5 besten **ITALIENISCHEN** *Restaurants* ——— 40

5 perfekte Restaurants für **VEGETARIER** ———— 42

5 Orte, die Sie garantiert zu **VEGANEM ESSEN**
bekehren werden ——————————————————— 44

5 Orte für einen **TYPISCHEN**
BERLINER BRUNCH ——————————————— 46

5 Lieblingsrestaurants für **HIPSTER** —————— 48

5 wunderbare Orte für **KUCHENLIEBHABER** — 50

Die 5 besten **KOREANISCHEN** *Restaurants* ——— 52

5 Restaurants mit **SCHÖNEM AUSSENBEREICH** —————————— 54

Die 5 besten **ASIATISCHEN** *Restaurants* ———— 56

5 Restaurants mit **ATEMBERAUBENDEM AMBIENTE** ———————————— 58

5 unwiderstehliche **MARKTHALLEN** *und* **FOOD TRUCKS** ————————— 60

5 wunderschöne **KLASSISCHE MÄRKTE** ——— 62

Die 5 besten Orte für **HUMMUS** *und* **FALAFEL** ————————————— 64

Die 5 besten **TÜRKISCHEN** *Restaurants* ———— 66

Die 5 besten Adressen für
BERLINER KÜCHE

---

1 **SOPHIENECK**
 Große Hamburger Str. 37
 Mitte ①
 030 2834 065
 www.sophieneck-berlin.de

 Die alteingesessene urige Schank- und Speisenwirtschaft liegt inmitten eines alten jüdischen Viertels. Hier lässt sich nach einem Bummel durch die schicken Galerien in der Auguststraße wunderbar Pause machen. Das Eisbein ist ausgezeichnet, aber schon für das Bier lohnt der Besuch. Sie können hier auch Stadtführungen buchen.

2 **ALTES EUROPA**
 Gipsstr. 11
 Mitte ①
 030 2809 3840
 www.alteseuropa.com

 In diesem Café, einem der ältesten des Viertels, kann man gut essen. Die kleine, von einem Baum beschattete Terrasse ist perfekt für laue Sommerabende. Gutbürgerliches Essen und eine Auswahl deutscher Weine.

3 **DIENER BERLIN**
 Grolmanstr. 47
 Charlottenburg ⑨
 030 8815 329
 www.diener-berlin.de

 Diese gemütliche Kneipe gibt es seit über 100 Jahren. Eine echte Institution mit dunklen Wänden und alten Bildern lokaler Persönlichkeiten, hier trifft man auch auf die typische, etwas schroffe Berliner Schnauze. Serviert wird Hausmannskost, besonders empfehlenswert sind die Klopse und die Eier in Senfsauce.

4 **ANABELAS KITCHEN**
Pestalozzistr. 3
Charlottenburg ⑨
030 2870 1224
www.anabelas-
kitchen.de

Hier gibt es deutsche Gerichte, die die großartige portugiesische Köchin Anabela mit Inspirationen aus ihrem Heimatland verfeinert. Das Restaurant mit den handgeschriebenen Rezepten an den dunkelgrünen Wänden und der angenehm warmen Beleuchtung passt perfekt zu Anabelas Herzlichkeit.

5 **MAX UND MORITZ**
Oranienstr. 162
Kreuzberg ②
030 6951 5911
www.maxundmoritz
berlin.de

Dieses über hundert Jahre alte Wirtshaus bietet traditionelle Berliner Köstlichkeiten wie den mit Bier zubereiteten Kutschergulasch. Um Reservierung wird gebeten. In dem Jugendstil-Ambiente treffen sich Einheimische und Touristen, und jeden Sonntagabend wird in dem wunderschönen Ballsaal Tango getanzt.

5 Restaurants mit einer
SCHÖNEN AUSSICHT

---

6 **NENI**
Budapester Str. 40
Tiergarten ⑧
030 1202 21200
www.neniberlin.de

Das ausgezeichnete jüdische Essen schmeckt bei einem atemberaubenden Blick auf den Zoo und die Stadt besonders gut. Lassen Sie sich bei der Reservierung (zu empfehlen!) den Weg beschreiben, denn das Neni liegt etwas versteckt. In der Monkeybar auf demselben Stockwerk kann man sich wunderbar auf einen Drink treffen. Kostengünstige Mittagsgerichte.

7 **KÄFER**
Platz der Republik 1
Mitte ①
030 2262 990
www.feinkost-kaefer.de/berlin

Restaurant mit fantastischer Location im Dachgarten des Deutschen Bundestags, dazu gutes Essen zu moderaten Preisen. Unbedingt 24 Stunden vorher reservieren und Personalausweis mitbringen.

8 **SOLAR**
Stresemannstr. 76
Kreuzberg ②
0163 7652 700
www.solarberlin.com

Stylische Club-Lounge und schickes Restaurant im 16. und 17. Stock eines Hochhauses mit CIA-Vergangenheit. Chefkoch Jon Kremin kreiert moderne Variationen traditioneller Berliner Gerichte.

9 **HUGOS**
Budapester Str. 2
Tiergarten ⑧
030 26020
www.hugos-
restaurant.de

Atemberaubender Blick über die Dächer Berlins bei Sonnenuntergang. In dem edlen Restaurant mit Weinbar stehen Private-Dining-Räume zur Verfügung. Die drei Menüs mit je vier Gängen, eines davon vegetarisch, kosten um die 100 Euro. Möchten Sie kochen wie ein Profi? Dann buchen Sie einfach einen der auf der Website angebotenen Kurse.

10 **HOTEL DE ROME**
Behrenstr. 37
Mitte ①
030 4606 090
www.roccofortehotels.
com/hotels-and-resorts/
hotel-de-rome

Stilvoller als auf der Dachterrasse des berühmten Hotel de Rome lässt sich der Ausblick über Berlin wohl kaum genießen. Diese steht auch Nicht-Hotelgästen offen, die von hier oben die Staatsoper, die St. Hedwigs-Kathedrale, den Berliner Dom und der Fernsehturm bewundern können.

9 HUGOS

Die 5 besten IMBISSE *der Stadt*

---

11 **SABZI**
Luisenstr. 15
Mitte ①
0177 6712 732
www.sabzi.de

Sabzi ist das persische Wort für »Kräuter«. Daher überrascht es nicht, dass hier vor allem vegetarisches orientalisches Essen auf der Karte steht. Alles ist frisch und äußerst schmackhaft. Dass man nicht lange auf sein Essen warten muss, ist das Einzige, was hier an Fast Food erinnert. Dieser Imbiss ist äußerst beliebt und oft rappelvoll. Am besten kommen Sie sehr früh oder sehr spät. Vor Kurzem eröffnete der Besitzer in der Reinhardtstraße 37 das CouCou Berlin, in dem es vor allem Superfood gibt.

12 **YAROK**
Torstr. 195
Mitte ①
030 9562 8703
www.yarok-restaurant.de

Dieser winzige syrische Schnellimbiss hat einen der besten gemischten Teller mit orientalischem Essen der Stadt im Angebot. Lecker, frisch und mehr, als man essen kann. Der *fatush*-Salat ist fantastisch. Sitzmöglichkeiten auch draußen auf der belebten Straße.

13 **WITTY'S**
Wittenbergplatz 5
Charlottenburg ⑨
030 6391 1666
www.wittys-berlin.de

Currywurst-Buden gibt es in Berlin wie Sand am Meer, aber das Witty's ist etwas Besonderes: Das Fleisch ist bio, dazu gibt es belgische Pommes. Der Flagship-Store befindet sich in Charlottenburg, aber es gibt auch Dependancen in der Friedrichstraße und am Flughafen Schönefeld.

14 **IMREN GRILL**
Boppstr. 10
Kreuzberg ②
030 4302 7868
www.imren-grill.de

Der Döner wurde von türkischen Einwanderern in Berlin erfunden, und Imren Grill ist einer der besten Orte, um dieses beliebte Fast Food perfekt zubereitet zu genießen. Sein Geheimnis ist die Qualität des hausgemachten frischen Fladenbrotes und der hausgemachten Soßen, dazu gibt es eine ganz besondere Marinade. Mehrere Filialen überall in Berlin.

15 **OISHII HOT DOG**
Schönhauser Allee 65
Prenzlauer Berg ③
030 3385 9394
www.oishii-hotdog.de

Hot Dogs auf japanische Art gibt es vermutlich nur in Berlin. An der hippen Schönhauser Allee, nicht weit vom Mauerpark, wird dieser einzigartige Snack mit selbstgemachter Sauce serviert. Für 40 Cents mehr bekommen Sie vegane oder Kalbswürste. Zu empfehlen sind auch die Süßkartoffel-Pommes. Jeden Tag geöffnet.

5
EXQUISITE
Restaurants

---

16 **NOBELHART & SCHMUTZIG**
Friedrichstr. 218
Kreuzberg ②
030 2594 0610
www.nobelhartund
schmutzig.com

Radikal jung, edel und dunkel. Das Ambiente ist so außergewöhnlich wie das Essen. Der Koch kreiert jeweils ein einziges Menü mit regionalen Zutaten zu einem festen Preis. Sein Talent hat ihm bereits einen Michelin-Stern eingebracht.

17 **FACIL**
Potsdamer Str. 3
Mitte ①
030 5900 51234
www.facil.de

Dieses mit zwei Michelin-Sternen ausgezeichnete Restaurant befindet sich im 5. Stock des Mandala Hotels. Chef-Pâtissier Thomas Yoshida ist Gault&Millau-Pâtissier des Jahres 2016. Raffinierte Mittagessen zu moderaten Preisen.

18 **REINSTOFF**
Schlegelstr. 26c
Mitte ①
030 3088 1214
www.reinstoff.eu

Schicker Industrial Style und nur zwei Menüs, die pro Tisch und nicht pro Person gereicht werden. Der Name des Lokals ist Programm: Koch Daniel Achilles arbeitet für seine leichte und moderne Küche bevorzugt mit »reinen« Zutaten. Freitags und samstags Mittagstisch. Das Restaurant hat zwei Michelin-Sterne und 18 Punkte im Gault&-Millau-Restaurantführer.

19 **LE PETIT ROYAL**
Grolmanstr. 59
Charlottenburg ⑨
030 3300 60750
www.lepetitroyal.de

Hier wird klassische französische Küche mit Schwerpunkt auf Steaks und Fischgerichten serviert. Die Weinkarte ist erlesen und hat fast nur französische Tropfen im Angebot. Stilvolle, mit zeitgenössischer Kunst eingerichtete Innenräume und hübsche Sommerterrasse.

20 **KIN DEE**
Lützowstr. 81
Schöneberg ⑦ /
Tiergarten ⑧
030 2155 294
www.kindeeberlin.com

Das wahrscheinlich interessanteste Restaurant mit moderner thailändischer Küche in Berlin. Chefköchin Dalad Kambhu und ihre Crew servieren traditionelles thailändisches Essen mit einer lokalen Note. Für ihren ehrgeizigen Ansatz mischen sie klassische Zutaten mit regionalen Produkten und verwenden z. B. Kohlrabi anstelle von Papaya. Das Ergebnis ist wirklich köstlich.

16 NOBELHART & SCHMUTZIG

5 Orte für ein perfektes
MITTAGESSEN

---

21 **HOUSE OF SMALL WONDER**
Johannisstr. 20
Mitte ①
030 2758 2877
www.houseofsmall
wonder.de

Das Restaurant hatte sofort großen Erfolg und wir sind uns sicher, dass das nicht zuletzt an seiner Einrichtung liegt: Viel altes Holz in lichtdurchfluteten Räumen, die nicht gezwungen stylisch wirken. Keine Kartenzahlung möglich.

22 **CAFÉ-RESTAURANT WINTERGARTEN IM LITERATURHAUS**
Fasanenstr. 23
Charlottenburg ⑨
030 8825 414
www.literaturhaus-
berlin.de

Im legendären Literaturhaus gibt es neben dem exquisiten Buchladen Kohlhaas & Company auch interessante Ausstellungen. Fantastisch für einen Kaffee nach dem Einkaufsbummel. Bei schönem Wetter lässt es sich herrlich im Garten sitzen. Es werden auch literarische Spaziergänge angeboten.

23 **RESTAURANT 1990**
Krossener Str. 19
Friedrichshain ④
030 8561 4761
www.restaurant
1990.de

Berlins kulinarische Szene hat eine große kulturelle Spannbreite und erweitert sich ständig. Das Restaurant 1990 ist eine Neuentdeckung. Die vietnamesischen Tapas, die in diesem großartigen Ambiente serviert werden, gehören zu den besten der Stadt. Tipp: Viele kleine Schalen bestellen. Sie sehen toll aus und schmecken noch besser.

24 HALLMANN & KLEE
Böhmische Str. 13
Neukölln ⑥
030 2393 8186
www.hallmann-klee.de

In den ruhigen Straßen rund um den den grünen Richardplatz in Rixdorf vergisst man schnell, dass man sich mitten in der Stadt befindet. Hier servieren Hallmann & Klee frisch zubereitete Mahlzeiten aus vorwiegend regionalen Bio-Produkten. Kommen Sie zum Frühstück oder Abendessen. Klasse Flammkuchen!

25 NORDISCHE BOTSCHAFTEN
Rauchstr. 1
Tiergarten ⑧
030 50500
www.nordischebot
schaften.org/kantine

Die wenigsten wissen, dass viele Berliner Betriebskantinen öffentlich zugänglich sind. Oft gibt es dort sehr gutes Essen zu einem ebenfalls sehr guten Preis, z.B. in der Universal-Kantine in Friedrichshain. Skandinavien-Liebhaber und Architekturfans sollten die Kantine des von fünf skandinavischen Institutionen betriebenen Kulturraums Felleshus ausprobieren.

5 Adressen für ausgezeichnete
FLEISCHGERICHTE

---

26 **LUTTER & WEGNER**
Charlottenstr. 56
Mitte ①
030 2029 5415
www.l-w-berlin.de

Das alteingesessene Restaurant am Gendarmenmarkt ist Treffpunkt für Touristen und Geschäftsleute. Das legendäre Wiener Schnitzel gibt es in zwei Größen. Als Beilage werden der typische lauwarme Kartoffel-Endivien-Gurken-Salat oder knusprige Bratkartoffeln gereicht.

27 **GRILL ROYAL**
Friedrichstr. 105b
Mitte ①
030 2887 9288
www.grillroyal.com

Im Grill Royal stehen nicht nur ausgezeichnete Fleischgerichte wie Entrecôte Pomerania oder T-Bone-Steaks auf der Speisekarte, sondern auch Hummer, Austern und andere Meeresfrüchte. Es ist als Restaurant der Stars bekannt. Wenn Sie Glück haben, können Sie hier Ihr Abendessen in Gesellschaft von George Clooney genießen.

28 **USHIDO**
Lychener Str. 18
Prenzlauer Berg ③
030 5524 2448
www.ushido-bbq.com

Das Team dieses Restaurants hat es sich zum Ziel gesetzt, Menschen mit gesunder japanischer Küche zu ernähren. Ausgewogenes Mittagessen in Bento-Boxen und ausgezeichnete Fleischgerichte auf der Abendkarte. Erstes Yakiniku-Restaurant (japanisches BBQ) Berlins.

29 **FLEISCHEREI**
Schönhauser Allee 8
Prenzlauer Berg ③
030 5018 2117
www.fleischerei-
berlin.com

Hier wurde eine alte Fleischerei an der hippen Schönhauser Allee in ein wunderbares Restaurant verwandelt. Auf der Karte stehen traditionelle Fleischgerichte in höchster Qualität und ausgezeichnete, meist österreichische Weine. Die günstigen Mahlzeiten auf der Mittagskarte wechseln nahezu täglich.

30 **FLEISCHEREI DOMKE**
Warschauer Str. 64
Friedrichshain ④
030 2917 635
www.fleischerei
domke.com

Sind Sie auf der Suche nach einem leckeren Imbiss in bodenständiger Atmosphäre? Dann werden Sie in dieser Berliner Institution sicher fündig. Erwarten Sie aber bloß keine leichten Gerichte oder subtilen Gewürze, auch kein schickes Ambiente oder veganen Nachtisch! Hier gibt es traditionelle gutbürgerliche Küche ab 1 Euro für eine Wurst mit Brötchen.

Die 5 besten
ITALIENISCHEN
Restaurants

---

31 **SALE E TABACCHI**
Rudi-Dutschke-Str. 25
Kreuzberg ②
030 2521 155
www.sale-e-tabacchi.de

Das Restaurant liegt ums Eck vom Checkpoint Charlie und ist ein beliebter Treffpunkt für Kunstinteressierte und Journalisten, die in der Gegend arbeiten. Das Angebot umfasst hauptsächlich italienische Gerichte mit einer täglich wechselnden Speisekarte. Beeindruckend sind die 6 Meter hohen, vornehmlich blauen Wände des Schweizer Architekten Max Dudler.

32 **IN CIBUS**
Monumentenstr. 21
Kreuzberg ②
030 6443 7838

Winziges Restaurant und Feinkostladen in einem. Hier wird frisch zubereitetes, authentisches italienisches Essen serviert. Die Gerichte der Mittagskarte sind unglaublich günstig und lecker. Besonders die Pasta- und Dito-Sandwiches sind exzellent – genießen Sie sie am besten im gemütlichen kleinen Außenbereich an einer ruhigen, begrünten Straße, direkt gegenüber vom Viktoriapark. Ein wahres *Hidden Secret!*

33 **FRANCUCCI**
Am Lehniner Platz/
Kurfürstendamm 90
Charlottenburg ⑨
030 3233 318
www.francucci.de

Das Francucci gegenüber der Schaubühne ist perfekt, um vor oder nach dem Theater einen Happen zu essen. Highlight des großen Restaurants ist das Florentiner Steak: Signore Francucci kauft es direkt beim Bauern in Italien. Pizza und Pasta in vielen Variationen sind ebenfalls im Angebot. Alles, von den Nudeln bis zum Pesto, ist hausgemacht.

34 **AL CONTADINO SOTTO LE STELLE**
Auguststr. 36
Mitte ①
030 2819 023
www.alcontadino.eu/ristorante

Die köstlichen Gerichte dieses gemütlichen traditionellen italienischen Restaurants stammen großteils aus der Basilikata. Die Speisekarte mit hausgemachter Pasta und ausgezeichneter Focaccia wechselt monatlich. Wenn Sie Fan von hochwertigem, frischem Büffelmozzarella sind, besuchen Sie die Mozzarella Bar & Bottega derselben Besitzer zwei Häuser weiter.

35 **LAVANDERIA VECCHIA**
Flughafenstr. 46
Neukölln ⑥
030 6272 2152
www.lavanderiavecchia.de

Die Straße ist nicht besonders schön, aber das ist schnell vergessen, sobald Sie im Innenhof sitzen: Dort fühlt sich der Gast wie in einer süditalienischen Stadt. Sonderwünsche müssen vorher angemeldet werden, und es werden keine Tischreservierungen angenommen. Die Besitzer betreiben mit dem Lava noch ein zweites, preiswerteres Restauraunt.

5 perfekte Restaurants für
VEGETARIER

---

36 **COOKIES CREAM**
Behrenstr. 55
Mitte ①
030 2749 2940
www.cookiescream.com

Das todschicke Restaurant umgibt sich mit einem geheimnisvollen Flair: Es ist nicht leicht zu finden und man darf keine Fotos machen. Am besten auf der Homepage ein paar Tipps zur genauen Location anschauen. Das alles ist vielleicht auch der Grund für die Beliebtheit des Restaurants in der Modewelt. Außergewöhnliches (und nicht billiges) Essen, immer mit einem veganen Angebot. Die Besitzer betreiben außerdem das ebenso gute Crackers. Ein Michelin-Stern.

37 **BISTRO BARDOT**
Boxhagener Str. 83
Friedrichshain ④
030 6920 97082
www.bistrobardot.de

Hell und freundlich eingerichtetes Bistro des Biohotels Almodóvar im trendigen Friedrichshain. Die kleine, aber kreative Karte bietet vor allem mediterrane Küche mit frischen Bioprodukten. Sehr guter, preisgünstiger Sonntagsbrunch. Besonders schön sitzt es sich im Innenhof.

38 MOMOS
Chausseestr. 2
Mitte ①
0160 2688 177
www.momos-berlin.de

Momos heißen Dumplings im Himalaya. Und in dem gleichnamigen Restaurant wird dieses typische Gericht auf höchstem Niveau zubreitet: alles ist bio und hausgemacht. Am besten probieren Sie alle sechs *momos* und die zugehörigen Dips. Bestellt wird an der Bar, Take-away ist möglich. Sonntags geschlossen.

39 VEGAN TIGER
Lettestr. 5
Prenzlauer Berg ③
01577 3972 724

Bis 1989 war der Prenzlauer Berg eher trostlos und ärmlich, aber nach dem Mauerfall wurde er schnell zu einem der schönsten Stadtviertel Berlins. Heute können Sie sich hier im Vegan Tiger am wunderschönen Helmholtzplatz zu gesundem, frisch zubereitetem Essen und dem vielleicht besten Rohkostkuchen der Stadt verführen lassen.

40 BURRITO BABY
Pflügerstr. 11
Neukölln ⑥
030 3385 1520
www.burritobaby.de

Burrito Baby bezeichnet sein Angebot als »mextralian street food«. Von einer guten *pico de gallo salsa* oder *guacamole* kann man schließlich nie genug bekommen, oder? Alles auf der Karte ist vegetarisch, dazu gibt es jede Menge vegane und glutenfreie Angebote. Nachmittags geöffnet.

5 Orte, die Sie garantiert zu
VEGANEM ESSEN
bekehren werden

---

41 **VAUST BRAUGASTSTÄTTE**
Pestalozzistr. 8
Charlottenburg ⑨
030 5459 9160
www.vaust-berlin.de

Das Vaust gehört zu den wenigen exklusiveren hundertprozentig veganen Restaurants in Berlin. Die Bedienung ist freundlich und das Essen lässt sich als »gehobene vegane deutsche Küche« beschreiben. Eher übersichtliche Portionen, es bleibt also noch Platz für den leckeren Schokokuchen. Ein weiteres Plus: selbstgebrautes Bier.

42 **LUCKY LEEK**
Kollwitzstr. 54
Prenzlauer Berg ③
030 6640 8710
www.lucky-leek.com

Eines der ersten Restaurants, das vegane Küche auf höhrem Niveau anbot. Zwischen Kollwitzplatz und dem berühmten Wasserturm lässt es sich hier vortrefflich speisen. Für Berliner Verhältnisse etwas teuer, aber Josita Hartantos Kochkünste sind den Preis allemal wert – so z. B. das Birnen-und-Chili-Risotto mit Tandoori-Kohl und Nori Tempeh Rolls. Schöner Außenbereich.

43 **KOPPS**
Linienstr. 94
Mitte ①
030 4320 9775
www.kopps-berlin.de

Das bereits seit 2011 bestehende Kopps wurde von CNN zu einem der besten veganen Restaurants weltweit gekürt. Besonderen Wert legt man hier auf Qualitätsprodukte, die von Bauernhöfen in Brandenburg stammen. Exzellenter Brunch am Wochenende. Dazu jede Menge gute Cafés und Eiscafés in der Umgebung.

44 **SOY**
Rosa-Luxemburg-Str. 30
Mitte ①
030 2340 5890
www.soy-berlin.com

Sehr leckere glutamatfreie Gerichte zu günstigen Preisen in der Nähe des Babylon-Kinos. Das Restaurant wurde mithilfe eines Feng-Shui-Meisters eingerichtet. Toller Blick auf die Volksbühne und schöner Außenbereich.

45 **RAWTASTIC**
Danzigerstr. 16
Prenzlauer Berg ③
0172 4391 287
www.rawtastic.de

Perfekt für Anhänger des Raw Food Movement. Sie sollten dieses Restaurant im Herzen des Prenzlauer Bergs nicht verpassen. Das Essen wird nicht über 42 °C erhitzt, denn ab dieser Temperatur nehmen Enzymaktivität und Nährstoffgehalt ab. Es gibt Frühstück, Mittag- und Abendessen. Im Angebot finden sich außerdem Säfte, die zu 100 Prozent kaltgepresst wurden. Lust auf Selbermachen? Kein Problem, denn hier können Sie auch einen Kochkurs belegen!

5 Orte für einen
TYPISCHEN BERLINER BRUNCH

---

46 **CAFÉ MORGENROT**
Kastanienallee 85
Prenzlauer Berg ③
030 4431 7844
www.morgenrot.blogsport.eu

Die sogenannten »Kollektive« verschwinden allmählich aus Berlin. Im Prenzlauer Berg hält sich jedoch noch dieses Café in seiner originalen und nicht-gentrifizierten Version. Donnerstags bis sonntags sehr guter All-you-can-eat-Brunch für 6 oder 12 Euro – je nachdem, was man sich leisten kann. Punk's not dead!

47 **CAFÉ MUGRABI**
Görlitzer Str. 58
Kreuzberg ②
030 2658 5400
cafemugrabi.business.site

Im Sommer ist das gesamte Areal rund um den Görlitzer Park eine einzige Partyzone. Einer der schönsten Orte für das Post-Clubbing-Frühstück oder einen Sonntagsbrunch ist das Café Mugrabi. Das Essen ist inspiriert von der israelischen und nordafrikanischen Küche. Probieren Sie *shakshuka* (Tomatengericht mit pochierten Eiern) und den Hummus. Einfach köstlich.

48 **SILO COFFEE**
Gabriel-Max-Str. 4
Friedrichshain ④
www.silo-coffee.com

Das Silo ist Teil der Spezialitätenkaffeebewegung und ideal für eine Pause nach dem Bummel über den Flohmarkt auf dem Boxhagener Platz. Eines der wenigen wirklich guten Frühstückscafés in Friedrichshain.

49 **TOMASA VILLA KREUZBERG**
Kreuzbergstr. 62
Kreuzberg ②
030 8100 9885
www.tomasa.de

Das Tomasa wurde vom *Prinz* zu einem der besten Frühstücksrestaurants Berlins gewählt. Die rote Backsteinvilla aus dem 19. Jahrhundert mit dem schönen Innenhof befindet sich direkt am Viktoriapark, nebenan ist ein kleines Tiergehege. Sehr kinderfreundlich.

50 **BENEDICT**
Uhlandstr. 49
Charlottenburg ⑨
030 9940 40997
www.benedict-breakfast.de

Im Erdgeschoss des brandneuen Max Brown Hotels ist das erste Breakfast-Only-Restaurant Berlins zu finden. In Tel-Aviv hat sich das Benedict bereits einen Namen gemacht und ist dort mit vier Filialen vertreten. Die Mission: Durchsetzung des 24-Stunden-Frühstücks weltweit! Geöffnet 24/07. Äußerst beliebt, keine Reservierungen möglich.

48 SILO COFFEE

5 Lieblingsrestaurants für
HIPSTER

---

51 **TULUS LOTREK**
   Fichtestr. 24
   Kreuzberg ②
   030 4195 6687
   www.tuluslotrek.de

Toulouse-Lautrec würde sich angesichts dieser Schreibung seines Namens wohl im Grabe umdrehen, das Essen dürfte ihm aber vermutlich schmecken. In diesem Restaurant trifft genusssüchtige Belle Époque auf moderne Küche mit Fokus auf den Eigengeschmack der Zutaten. Chefkoch Max Strohes und Gastgeberin Ilona Scholls Liebe zum Kochen ist bei jedem Gericht spürbar. Ein Michelin-Stern.

52 **893 RYOTEI**
   Kantstr. 135
   Charlottenburg ⑨
   030 3300 60760
   www.893ryotei.de

Hinter dem versteckten Eingang dieses Westberliner Restaurants betreten Sie die Science-Fiction-Welt des legendären Wirtes The Duc Ngo. Feinste asiatische Fusionsküche, tätowierte Bedienungen, tolle Einrichtung – perfekt für Instagram.

53 **ZOLA**
   Paul-Lincke-
   Ufer 39-40
   Kreuzberg ②
   0151 4359 6561

Als das Zola im Dezember 2015 öffnete, war seine neapolitanische Pizza ein Hit. In dem riesigen Holzofen wird die vielleicht beste Pizza Berlins gebacken. An der Theke bestellen, und nach dem Gelage am besten nebenan in der Cafébar Concierge einen doppelten Espresso trinken.

54 **LODE & STIJN**
Lausitzerstr. 25
Kreuzberg ②
030 6521 4507
www.lode-stijn.de

Holländer können nicht kochen? Vielleicht ändern Sie Ihre Meinung in diesem niederländischen Restaurant! Hier gibt es saisonale Küche, dazu ein paar Klassiker wie *bitterballen* (Hackfleischbällchen). Gutes Preis-Leistungs-Verhältnis bei den vier- und sechsgängigen Menüs.

55 **BRLO BRWHOUSE**
Schöneberger Str. 16
Kreuzberg ②
030 5557 7606
www.brlo-brwhouse.de

Man nehme 38 Schiffscontainer, eine Brauerei, eine einzigartige Lage am Gleisdreieck (siehe Hidden Secret 399), füge viel Leidenschaft hinzu und voilà: ein neuer Hotspot für Foodies und Craft-Beer-Fans. Gemüse – ob fermentiert, eingelegt, gesmoked oder in der Salzkruste – ist hier der Star. Toller Biergarten.

54 LODE & STIJN

5 *wunderbare Orte für*
KUCHENLIEBHABER

---

56 **PASTEL**
Wrangelstr. 44
Kreuzberg ②
030 5497 8129
https://www.bekarei.de

Diese winzige portugiesische Bäckerei ist die kleine Schwester der Bekarei im Prenzlauer Berg. Georgios und Paula servieren griechisches und natürlich portugisisches Gebäck – also unbedingt ein *pastel de nata* essen. Die gibt es auch in Miniausführung, Sie können also viele davon essen!

57 **AUNT BENNY**
Oderstr. 7
(Eingang:
Jessnerstraße)
Friedrichshain ④
030 6640 5300
www.auntbenny.com

Das Aunt Benny gegenüber von einem Park mit Spielplatz wird von kanadischen Geschwistern betrieben. Der ideale Ort, um bei einem sehr guten Kaffee und einem hausgemachten Kuchen den Kindern beim Spielen zuzuschauen. Sonntags gibt es Brunch. Vegane und glutenfreie Angebote. Lieferservice.

58 **I AM DELICIOUS**
Kollwitzstr. 37
Prenzlauer Berg ③
0177 5733 669
www.iamdelicious.de

Inés Arau Mussons studierte Industriedesign, wurde dann aber Deutschlands erste vegane Konditorin. Ihre Liebe zu tollen Zutaten und Design ist in jeder ihrer atemberaubenden Kreationen spürbar. So entsteht hochwertiger Foodporn wie z. B. der »Erdbeerdiamant«.

59 **MR. MINSCH**
Yorckstr. 15
Kreuzberg ②
030 5266 4903
www.mr-minsch-torten.de

Mr. Minsch bietet täglich eine Auswahl von bis zu zwanzig klassischen Tartes, Kuchen und Torten. Einige davon sind ganz besondere, sehr berlinerische Kreationen – das heißt, sie sind ein wenig schräg. Sie können einen ganzen Kuchen mit nach Hause nehmen oder ein Stück zum Kaffee genießen. Diese fabelhaften Leckereien sind einfach unwiderstehlich!

60 **JUBEL**
Hufelandstr. 10
Prenzlauer Berg ③
030 5521 6150
www.jubel-berlin.de

In der gemütlichen Hufelandstraße im grünen Prenzlauer Berg liegt dieses Paradies für Naschkatzen, das immer einen Besuch wert ist. Den zarten, köstlichen Kreationen merkt man die Begeisterung von Kai Michels und Lucie Babinska bei der Arbeit an – seien es Geburtstags- oder riesige Hochzeitstorten, oder auch nur ein paar kleine Törtchen.

Die 5 besten
KOREANISCHEN
Restaurants

---

61 **KOREAN FOOD STORIES**
Prenzlauer Allee 217
Prenzlauer Berg ③
0157 3637 5002
www.koreanfood
stories.com

Koreanisches Essen ist in Berlin seit einiger Zeit sehr beliebt und erobert nun langsam, aber stetig auch den Rest der Welt. Der Grund: Die Aromen sind markant und ursprünglich, die vielen fermentierten Zutaten sehr gesund. Wenn Sie in die Welt des Kimchi eintauchen möchten, ist Korean Food Stories der perfekte Ort dafür.

62 **KIMCHI PRINCESS**
Skalitzer Str. 36
Kreuzberg ②
0163 4580 203
www.kimchi
princess.com

Auf dem Grill zischt es, junge und schöne Menschen frönen bei lauter Musik dem Essen. Im Angebot sind ein gutes Bibimbap und eine riesige Auswahl an Kimchi ... Die knisternde Stimmung des lebhaften koreanischen Restaurants sorgt für den idealen Start in die Berliner Nacht. Die gleichen Besitzer betreiben das Angry Chicken in Kreuzberg und das Mani Mono in Adlersdorf.

63 **DAE MON**
Monbijouplatz 11
Mitte ①
030 2630 4811
www.dae-mon.com

Schicker, edler oder dunkler geht es kaum. Designerstühle, Lichtinstallationen, große Fotografien an dunklen Wänden … In diesem von Felix Pahnke 2016 neu gestalteten, topmodernen koreanischen Restaurant wird Stil großgeschrieben. Die Speisen sind ebenso exquisit wie der Look. Nicht gerade billig, aber wenn Sie Ihr Date beeindrucken wollen, ist das Dae Mon genau das Richtige!

64 **YAM YAM**
Alte Schönhauser Str. 6
Mitte ①
030 2463 2485
www.yamyam-berlin.de

Ausgezeichnete Kimchi-Suppe zu moderaten Preisen. Während der Mittagszeit ist das Yam Yam oft überfüllt, also versuchen Sie es lieber nach 14 Uhr. Das gemütliche kleine Restaurant liegt in der Nähe der coolen Geschäfte und Galerien am Rosa-Luxemburg-Platz.

65 **MMAAH**
Columbiadamm 160
Neukölln ⑥
0176 9309 0623
www.mmaah.de

Schickes Restaurant mit leckerem Essen auch zum Mitnehmen im Tempelhofer Park. Koreanische Straßenküche, überwiegend zubereitet mit Gemüse und Fleisch aus dem Umland. Der Standort ist einzigartig, denn hier landeten während des Kalten Krieges die Flugzeuge der Berliner Luftbrücke. Ein weiteres Restaurant in Neukölln und eines in Schöneberg.

5 Restaurants mit
SCHÖNEM AUSSENBEREICH

---

66 CAFÉ AM NEUEN SEE
Lichtensteinallee 2
Tiergarten ⑧
030 2544 930
www.cafeam
neuensee.de

Nach Besichtigung des Reichstags und des Brandenburger Tors können Sie wunderbar durch den Tiergarten zum Café am Neuen See spazieren, um dort etwas zu essen und ein kühles Bier zu genießen. Geheimtipp: An der S-Bahn-Station Tiergarten können Sie 90 wunderschöne historische Gaslaternen aus Berlin und anderen Städten bewundern, die bei Dämmerung angezündet werden.

67 NOLA'S AM WEINBERG
Veteranenstr. 9
Mitte ①
030 4404 0766
www.nolas.de

In dem Pavillon aus den Fünfzigern sitzen Sie auf einer Terrasse mit Blick auf den Weinbergspark, unweit vom schicken Rosenthaler Platz. Schweizer Gerichte, darunter verschiedene Fondue-Varianten, dazu ein paar gute vegane und glutenfreie Angebote. Den ganzen Tag geöffnet, sonntags Brunch.

68 WIRTSHAUS ZUR PFAUENINSEL

Pfaueninsel-
chaussee 100
Wannsee
030 8052 225
www.pfaueninsel.de

Dieser Biergarten liegt etwas außerhalb, ist aber mit S-Bahn und Bus leicht zu erreichen. Die Anfahrt lohnt sich, nicht nur wegen des Essens – lecker, aber nicht besonders raffiniert –, sondern auch wegen des fantastischen Blicks auf die Pfaueninsel. Nach dem Essen können Sie mit der Fähre zu dem 70 Hektar großen Eiland übersetzen und die Pfauen besuchen.

69 SCHOENBRUNN

Volkspark Friedrichs-
hain
Friedrichshain ④
030 4530 56525
www.schoenbrunn.net

Auch der schöne Volkspark hat ein Restaurant mit Biergarten. Obwohl das Schoenbrunn nicht gerade klein ist, läuft man leicht daran vorbei, weil es mitten im Zentrum des Parks liegt. Auf der Karte stehen Pizza und die allgegenwärtige Currywurst.

70 BERGTERRASSE MARIENHÖHE

Marienhöher Weg 30
Tempelhof
030 7532 839
*www.bergterrasse-
marienhoehe.de*

Wer auf der Suche nach traditioneller Küche ohne Hipsterpublikum ist, wird in diesem wunderbaren Biergarten fündig. Hier treffen sich Einheimische bei Kaffee und Kuchen oder einem kühlen Bier. Mehr braucht es an einem schönen warmen Sommertag manchmal nicht.

Die 5 besten
ASIATISCHEN
Restaurants

---

71 **ZENKICHI**
Johannisstr. 20
Mitte ①
030 2463 0810
www.zenkichi.de

Wir lieben dieses Restaurant. Nicht nur wegen des hausgemachten Seidentofu, sondern auch für den ebenso exzellenten Sake. Am besten ein Menü mit Sake-Verkostung bestellen!

72 **CÔ CÔ BÁNH MÌ DELI**
Rosenthaler Str. 2
Mitte ①
030 5547 5188
www.banhmi-coco.de

Hier sollten Sie unbedingt ein typisch vietnamesisch-französisches Sandwiches probieren. Im Sommer können Sie nach einem Bummel durch die Rosenthaler Straße im blickgeschützten Restaurantgarten herrlich entspannen.

73 **LONG MARCH CANTEEN**
Wrangelstr. 20
Kreuzberg ②
0178 8849 599
www.longmarch canteen.com

Großartiges, modernes, wenn auch etwas dunkel eingerichtetes chinesisches Restaurant mit offener Küche im lebhaften Kreuzberg. Auf der Karte stehen unter anderem raffinierte Dumplings. Als Nachtisch sollten Sie die heißen karamelisierten Bananen probieren. Sie werden mit einer Schale Eiswasser serviert, in das man sie einen Augenblick lang eintunkt, damit sie außen schön knusprig werden und dabei innen weich bleiben: einfach köstlich.

74 **LON-MEN'S NOODLE HOUSE**
Kantstr. 33
Charlottenburg ⑨
030 3151 9678
https://lon-mens-noodle-house.business.site

Die Kantstraße wird als Alternative zum nahen Kurfürstendamm immer beliebter. Alle, die taiwanesisches Essen probieren wollen, sind hier genau richtig, denn Lon-Men's Noodle House ist das vermutlich einzige Restaurant dieser Nationalität in Berlin. Authentisch, schnell zubereitet und eine gesunde Abwechslung zur guten alten Currywurst.

75 **VELVET LEAF**
Damaschkestr. 12
Charlottenburg ⑨
030 6094 3452

Mit der Schaubühne gleich um die Ecke und dem sonnigen großen Außenbereich ist dieses vegane Restaurant ein wahres Schmuckstück. Es ist zwar nicht besonders schick und man muss vielleicht ein bisschen auf sein Essen warten, aber dafür wird alles frisch à la minute zubereitet. Unwiderstehliches Mango-Curry.

73 LONG MARCH CANTEEN

5 Restaurants mit
ATEMBERAUBENDEM AMBIENTE

---

76 **CRACKERS**
Friedrichstr. 158
Mitte ①
030 6807 30488
www.crackers
berlin.com

Der berühmte Cookies Club in Mitte hat vor Kurzem seine Türen geschlossen, nun hat hier ein cooles Restaurant mit Charolais-Rindfleisch von höchster Qualität eröffnet. Crackers heißt die neueste Unternehmung von Heinz Gindullis, der Berlin leckere vegetarische Restaurants wie das Chipps und das Cookies Cream schenkte. Freitags und samstags DJ-Dinner-Sets.

77 **GROSZ**
Kurfürsten-
damm 193-194
Charlottenburg ⑨
030 6521 42199
www.grosz-berlin.de/
restaurant

Das nach dem deutsch-amerikanischen Maler, Karikaturisten und Dada-Mitglied George Grosz benannte Restaurant im Haus Cumberland am berühmten Kurfürstendamm eröffnete 2012. Hier bekommen Sie traditionelle Küche mit einem modernen Touch. Vergessen Sie nicht, die hauseigene Bäckerei Oui zu besuchen: ein Himmelreich für Naschkatzen.

78 THE GRAND
Hirtenstr. 4
Mitte ①
030 2789 09 9555
www.the-grand-berlin.com

Restaurant, Bar und Club in einem. Spezialität sind Gerichte mit Rindfleisch, im Angebot außerdem ein Mittagstisch mit *menu du jour*, ein vegetarisches Gericht und Grillspezialitäten. In der Swing Bar gibt es hervorragende Drinks und eine ausgesuchte Auswahl an Zigarren. Wer feiern möchte, geht einfach nach oben in den ebenso stylischen Club.

79 ORA
Oranienplatz 14
Kreuzberg ②
www.ora-berlin.de

Diese prächtige Apotheke wurde 1860 erbaut und 2015 in eine moderne Kombination aus Café, Bar und Restaurant umgewandelt. Als echtes Wiener Kaffeehaus ist das Ora den ganzen Tag über geöffnet: Sie sollten unbedingt die Zimtbrötchen zum Frühstück probieren. Und danach das Mittagessen. Und danach Kaffee und Kuchen. Und danach exzellente, vom Barkeeper kreierte Cocktails.

80 PAULY SAAL
Auguststr. 11-13
Mitte ①
030 3300 6070
www.paulysaal.com

Hier ist alles äußerst stilvoll: das Gebäude, die Stühle, der Kronleuchter, die Drinks, die Gäste und der Innenhof. Die ehemalige jüdische Mädchenschule in Mitte ist ein fantastischer Ort für ein Abendessen oder einen Cocktail an der Bar. Vergessen Sie nicht, die Galerie Eigen + Art im dritten Stock des Gebäudes zu besuchen.

5 *unwiderstehliche*
MARKTHALLEN *und*
FOOD TRUCKS

---

81 **MARKTHALLE NEUN**
Eisenbahnstr. 42-43
Kreuzberg ②
030 6107 3473
*www.markt
halleneun.de*

Einer *der* Treffpunkte für Berliner Foodies. Hier gibt es ein Restaurant und eine Bar, alles montags bis freitags geöffnet. Dazu dienstags einen kleinen und donnerstags einen größeren Wochenmarkt, auf dem Sie regionale Produkte aus kleinen Betrieben kaufen können. Sironi, eine der besten Bäckereien Berlins, hat hier ebenfalls einen Stand.

82 **STREET FOOD AUF ACHSE**
Kulturbrauerei
Sredzkistr. 1
Prenzlauer Berg ③
030 4431 0737
*www.streetfood
aufachse.de*

Ein klassischer Straßenmarkt in den Höfen der Kulturbrauerei. Der Eintritt ist frei und die Preise bewegen sich unter 5 Euro. Kommen Sie mit leerem Magen, das Essen ist köstlich! Im Winter und im Sommer jeden Sonntag ab 12 Uhr geöffnet.

83 **MARHEINEKE MARKTHALLE**
Marheinekeplatz/
Bergmannstraße
Kreuzberg ②
030 5056 6536
*www.meine-
markthalle.de*

Hierhin verirren sich nur wenige Hipster. Der Markt ist jeden Tag außer sonntags geöffnet. Die meisten der angebotenen Produkte stammen aus biologischem, regionalem Anbau. Und wenn Sie lieber in der Sonne sitzen und Ihr Essen an einem richtigen Tisch genießen möchten: das Restaurant Matzbach hat einen großen Außenbereich.

84 **BRUNNENMARKT IM WEDDING**
Brunnenstr. 53–65
Wedding ③
0177 8672 419

Jeden dritten Sonntag im Monat ist Brunnenmarkt im Wedding, dem am wenigsten schicken Viertel im ehemaligen Westberlin. Dieses Projekt, das im April 2016 ins Leben gerufen wurde, soll frischen Wind in die Berliner Street-Food-Szene bringen. Versuchen Sie z.B. die Mexican Dumplings bei Taco Kween.

85 **BITE CLUB**
Arena Berlin
Eichenstr. 4
Alt-Treptow ⑤
0176 8482 6536
www.biteclub.de

Auf der Bite Club Street Food Party können Sie sich die lokale Küche und einen Drink in clubähnlicher Atmosphäre schmecken lassen. Der Bite Club liegt am Spreeufer in Kreuzberg, in der Nähe des Badeschiffs, sodass Sie vor oder nach dem Essen schwimmen gehen können. Der Bite Club ist zweimal im Monat freitags geöffnet – ein perfekter Start ins Wochenende.

5 wunderschöne
KLASSISCHE MÄRKTE

86 **WINTERFELDTMARKT**
Winterfeldtstraße
Schöneberg ⑦
0175 4374 303

Dieser Bauernmarkt findet samstags statt. Nutzen Sie die Gelegenheit zu einem Bummel durch die Umgebung: Werfen Sie dabei auch einen Blick auf den Hochbunker in der Pallasstraße, der von Zwangsarbeitern erbaut wurde. Oder schlendern Sie durch die malerischen Straßen Schönebergs.

87 **KOLLWITZMARKT**
Kollwitzplatz
Prenzlauer Berg ③
0172 3278 238

Dieser Bauernmarkt für Bio-Köstlichkeiten ist auch bei Yuppies beliebt, schließlich liegt er im Prenzlauer Berg. Egal, was man vom gentrifizierten Prenzlberg hält: Mit seinen tollen Häusern, dem vielen Grün, den ganz normalen Menschen mit ihren Kindern auf den Straßen und den netten Bars ist er nach wie vor schön. Immer donnerstags.

88 TÜRKISCHER MARKT
Maybachufer
Neukölln ⑥
www.tuerkenmarkt.de

Hier können Sie dienstags und freitags von 11 bis 18.30 Uhr für wenig Geld Gemüse, Obst und Stoffe kaufen. Im Sommer am besten mit der U-Bahn bis zur Schönleinstraße fahren und dann die Kanäle entlangschlendern. Straßenmusik inklusive. Probieren sie unbedingt die hervorragenden Falafel!

89 WOCHENMARKT BOXHAGENER PLATZ
Friedrichshain ④
0178 4762 242
www.boxhagener
platz.org

Dieser wunderbare Markt im ehemaligen Ostberlin hat einige tolle Stände – probieren Sie z.B. Tofu Tussis handgemachten Tofu. Jeden Donnerstag geöffnet, an Feiertagen geschlossen. Am selben Platz finden weitere Märkte statt: Samstags werden vor allem Lebensmittel, aber auch Kunsthandwerk angeboten, sonntags gibt es hier einen Flohmarkt.

90 WOCHENMARKT AM KARL-AUGUST-PLATZ
Charlottenburg ⑨
030 9029 29072

Dieser Markt im schicken Charlottenburg ist zwar nicht ganz so angesagt, aber dafür authentisch. Die Stände rund um die Trinitatis-Kirche bieten Obst und Gemüse (meist bio), Neuland-Fleisch und eine große Auswahl an Blumen. Immer mittwochs und samstagvormittags.

Die 5 besten Orte für
HUMMUS *und*
FALAFEL

---

91 DADA FALAFEL
Linienstr. 132
Mitte ①
030 2759 6927
www.dadafalafel.de

Immer noch einer der besten Falafelimbisse der Stadt. Bestellen Sie dazu einen Orangenkarottensaft (fragen Sie nach, er steht nicht auf der Speisekarte) und schon haben Sie eine preiswerte, gute Mahlzeit. Großer, sonniger Außenbereich.

92 HUMMUS AND FRIENDS
Oranienburger Str. 27
Mitte ①
030 5547 1454
www.hummus-and-friends.com

»Make hummus not walls« steht an der Wand dieses kosheren und beinahe komplett veganen Restaurants mit Olivenholz-Interieur und großem Innenhof. Nicht das billigste der hier vorgestellten Restaurants und auf Hummus spezialisiert. Probieren Sie das Menü mit drei verschiedenen Hummusvarianten, Sie werden es nicht bereuen.

93 MO'S KLEINER IMBISS
AKA THE KING OF FALAFEL
Urbanstr. 68
Kreuzberg ②

In diesem ansonsten überraschend langweiligen Teil Kreuzbergs ist der »King of Falafel« beheimatet. Er hat seinen Spitznamen nicht ohne Grund, also rechnen Sie mit einer Wartezeit. Begrenzte Sitzplätze, die meisten Gäste genießen ihren köstlichen Falafel im Brot (vegan oder mit Käse) deswegen einfach draußen.

94 KANAAN

Kopenhagener Str. 17
Prenzlauer Berg ③
01590 1348 077
www.kanaan-berlin.de

Wahnsinnig gutes israelisch-palästinensisches Essen. Der Hummus ist einer der besten der Stadt und der Besitzer selbst sehr begeistert von seinem Essen – all das trägt zum Charme des Kanaan bei. Sie können auch zum Mitnehmen bestellen. Bei Instagrammern sehr beliebt!

95 ZULA

Husemannstr. 10
Prenzlauer Berg ③
030 4171 5100
www.zulaberlin.com

In der Husemannstraße geht es immer ein wenig schicker zu und das Zula bildet da keine Ausnahme. Im Mittelpunkt steht Hummus, der hier mit Bohnen, Tomaten, Gulasch, Huhn oder Gemüse serviert wird. Dazu gibt es einen ausgezeichneten Sabich (frisches Pita-Brot, gefüllt mit Hummus und Auberginen). An der ruhigen, begrünten Straße kann man wunderbar draußen sitzen.

Die 5 besten
TÜRKISCHEN
Restaurants

---

96 OSMANS TÖCHTER
Pappelallee 15
Prenzlauer Berg ①
030 3266 3388
*www.osmans
toechter.de*

Die meisten türkischen Restaurants in Berlin servieren vor allem Döner – der ja schließlich auch in Berlin erfunden wurde – und dazu vielleicht eine türkische Pizza. Ein schönes, trendiges und modernes türkisches Restaurant wie dieses hier ist dagegen eine Seltenheit. Sehr beliebt, also am besten reservieren.

97 DEFNE
Planufer 92c
Kreuzberg ②
030 8179 7111
*www.defne-
restaurant.de*

Dieses wunderbare kleine türkische Restaurant liegt am Planufer am Landwehrkanal. Klassische anatolische Gerichte, die mit Zutaten vom türkischen Markt am Ufer gegenüber gekocht werden. Abends geöffnet.

98 HONÇA
Ludwichkirchplatz 12
Charlottenburg ⑨
030 2393 9114
www.honca.de

Eine türkische Oase in einer Gegend, die nicht viele türkische Einwohner oder gar Restaurants vorweisen kann. Hier gibt es traditionelle anatolische Gerichte ohne viel Schnickschnack – auch im schönen Interieur ist kein Platz für Kitsch. Freundliche Bedienung.

99 HASIR

5 verschiedene
Standorte
030 2804 1616

Als die türkischen Einwanderer in den Achtzigerjahren nach Berlin kamen, brachten sie ihre Esskultur mit. Ihre Art, mit Gemüse und Olivenöl umzugehen, war den Deutschen völlig neu. Und das Hasir ist ein Paradebeispiel dafür. Nach bescheidenen Anfängen gibt es mittlerweile fünf Hasir-Restaurants in Berlin.

100 WEINBLATT

Dieffenbachstr. 59
Kreuzberg ②
030 6951 7365
www.feinkost-weinblatt.de

Man nehme eine türkische Familie mit einer Leidenschaft für das Kochen mit frischen Zutaten, kombiniere ein Feinkostgeschäft mit einem Restaurant und füge dann eine schöne Terrasse hinzu, und fertig ist das Erfolgsrezept: Das Beste aus Kreuzberg und aus dem Mittelmeerraum vereint in einem kleinen, authentischen Familienrestaurant.

80 ORTE FÜR EINEN DRINK

---

5 fantastische **COCKTAILBARS**
mit Berliner Flair —————————— 72

5 großartige Bars, die
KAUM JEMAND KENNT —————— 74

5 **EXTRAVAGANTE BARS** —————— 76

5 **HIPSTER-COFFEEBARS** —————— 78

Die 5 Cafés mit dem **ALLERBESTEN KAFFEE** — 80

Die 5 tollsten **ALT-BERLINER KNEIPEN** —— 82

Die 5 besten Bars zum **SEHEN UND
GESEHEN WERDEN** ———————— 84

5 großartige **QUEERE BARS** ——————— 86

Die 5 Bars mit der besten **LIVE-MUSIK** ——— 88

5 wunderbare **TEESTUBEN** ——————— 90

Die 5 empfehlenswertesten **SINGLE-BARS** —— 92

5 Bars mit einer
GROSSARTIGEN AUSSICHT ———————— 94

Die 5 besten **WEINBARS** ———————————— 96

5 Orte, an denen es
SICH GUT ARBEITEN LÄSST ——————— 98

5 Adressen für **GESUNDE GETRÄNKE** ——— 100

Die 5 coolsten **BIERGÄRTEN**
und **BRAUEREIEN** ————————————— 102

5 *fantastische* COCKTAILBARS
mit Berliner Flair

---

101 **BUCK AND BRECK**
Brunnenstr. 177
Mitte ①
0176 3231 5507
*www.buckand
breck.com*

Diese versteckte Cocktailbar – ihr Eingang ist als schäbiger Späti getarnt – gilt als eine der besten der Welt. 2015 wurde sie vom *Mixology*-Magazin zur Bar des Jahres gewählt. Keine Fenster und kaum Deko, hier dreht sich alles um die außergewöhnlich guten Cocktails und die Gäste. An der Tür klingeln.

102 **FAIRY TALE**
Am Friedrichshain 24
Friedrichshain ④
0170 2195 155
www.fairytale.bar

Gegenüber vom wunderschönen Märchenbrunnen im Volkspark Friedrichshain liegt dieses versteckte Juwel. Einfach an der Hausnummer 24 klingeln (kein Schild) und dann in die Märchenwelt eintreten. Am besten reservieren, da es hier sehr eng werden kann. Sonntags und montags geschlossen.

103 REDWOOD BAR BERLIN
Bergstr. 25
Mitte ①
030 7024 8813
www.redwoodbar.de

In einer ruhigen Ecke des trendigen Stadtteils Mitte versteckt sich dieser Schatz. Das Redwood hat alles, was eine Cocktailbar braucht: ein leicht mysteriös wirkendes Äußeres (halten Sie nach dem »BAR«-Schild Ausschau), ein Interieur im Shabby-Chic-Look, einen Barmixer, der genau weiß, was Ihnen schmeckt, und einen netten Gäste-Mix.

104 MELODY NELSON
Novalisstr. 2
Mitte ①
0177 7446 751
www.melody nelson.de

Als das Melody Nelson 2011 eröffnet wurde, war dieser Teil der Stadt noch nicht hip. Die Nachbarschaft hat sich seitdem sehr verändert, aber zum Glück ist diese Straße noch nicht völlig gentrifiziert. Nichts Besonderes, aber man kann sich auf eine tolle Atmosphäre und gute Cocktails verlassen. Bitte klingeln.

105 VICTORIA BAR
Potsdamer Str. 102
Tiergarten ⑧
030 2575 9977
www.victoriabar.de

Eine Bar mit *Mad Men*-Feeling, für die Sie entsprechend gekleidet sein sollten. Aus dem Geheimtipp ist mittlerweile eine Institution geworden. Gönnen Sie sich ein Konzert in der Berliner Philharmonie gleich um die Ecke und danach als Abschluss eines stilvollen Abends einen Drink in der Victoria Bar.

5 großartige Bars, die
KAUM JEMAND KENNT

---

106 **THE BLACK LODGE**
Sanderstr. 6
Kreuzberg ②
0178 5448 099

Ein Ort für Fans von *Twin Peaks*, denn hier können sie die Black Lodge besuchen. Diese Kreuzberger Bar ist mysteriös, funky und sehr lynchianesk – dabei aber keine *Twin Peaks*-Themenbar, auch wenn es hier einen »verdammt guten Kaffee« gibt. Erschwingliche Preise.

107 **TIER**
Weserstr. 42
Neukölln ⑥
0178 2339 513
www.tier.bar

Das Tier war bei seiner Eröffnung 2009 eine der ersten Bars in der mittlerweile stark gentrifizierten Weserstraße. Es glänzt immer noch mit viel Flair, Bartendern, die ihr Handwerk verstehen, und schafft es dabei, schick zu sein, ohne steif zu wirken – eine großartige Kombination. Versuchen Sie eine der 30 Whiskysorten oder einen Philip Seymour – oder beides. Und nehmen Sie dann lieber die S-Bahn nach Hause.

108 BAR ZENTRAL
Lotte-Lenya-
Bogen 551
Charlottenburg ⑨
www.barzentral.de

Diese raffinierte Bar befindet sich unterhalb der Hochbahngleise, ebenso wie das Gainsbourg oder die Hat Bar ein Stück weiter. Hier trifft sich ein kultiviertes Publikum, wie an vielen Orten rund um den Savignyplatz, bei Cognac, Whisky und Champagner. Probieren Sie den Tristesse Royale-Cocktail: Er macht garantiert nicht traurig.

109 ALASKA BAR
Reuterstr. 85
Neukölln ⑥
030 2391 4138

Willkommen im veganen Berlin, und im angesagten Stadtteil Neukölln. Hier gibt es After-Work-Tapas (nach andalusischer Art, d. h. kostenlos, wenn Sie einen Drink bestellen), Sonntagsbrunch und vegane Pop-up-Veranstaltungen. Es erwarten Sie Flohmarkt-Charme, tolle Musik, coole Leute, nette spanische Besitzer und günstige Preise.

110 BETH CAFÉ
Tucholskystr. 40
Mitte ①
030 2813 135
*www.adassjisroel.de/
beth-cafe*

Dieses schöne Café liegt mitten im alten jüdischen Viertel, in der Näher der Synagoge an der Oranienburger Straße. Hier können Sie Hummus, Falafel oder Matzeknödel essen oder einfach nur einen Kaffee im schönen Innenhof genießen. Abends geschlossen.

5
EXTRAVAGANTE BARS

---

111 **BRYK**
Rykestr. 18
Prenzlauer Berg ③
030 3810 0165
www.bryk-bar.com

Eine der wenigen Nichtraucherbars in Berlin. Sie können draußen in der Sonne sitzen oder drinnen, wo alles in einem Industrial-Design-Mix aus Alt und Neu eingerichtet ist. Mit die besten Drinks der Stadt, dazu Catering, Cocktail-Workshops und Spirituosen-Seminare. Bitte klingeln!

112 **BAUMHAUS BAR**
Falckensteinstr. 48
Kreuzberg ②
030 2391 9994

In dieser Bar im Baumhaus bekommen Sie den ganzen Tag über Backwaren und die ganze Nacht lang Drinks. Der Blick auf die gelben Züge der U1 ist großartig. Viele weitere Bars etc. in der Nähe.

113 **WÜRGEENGEL BAR**
Dresdener Str. 122
Kreuzberg ②
030 6155 560
www.wuergeengel.de

Der Name ist dem gleichnamigen Film von Luis Buñuel entlehnt, in dem die Besucher einer Bar in den mysteriösen Bann eines Engels gezogen werden und diesen Ort nicht mehr verlassen können, obwohl sie physisch dazu in der Lage wären. Dasselbe streben die Betreiber dieser Bar an. Und es funktioniert.

114 KLO BAR
Leibnizstr. 57
Charlottenburg ⑨
030 4372 7218
(bis 14 Uhr)
030 4372 7219
(ab 17 Uhr)
https://berlin.klo.de

Der Name ist kein Scherz, sondern Programm. Und dieses Programm ist nicht nur bei Studenten ein Renner: Hier trinkt man sein Bier tatsächlich auf einer Toilette sitzend. Und man rührt es mit einer Toilettenbürste um. Wirklich!

115 CAFÉ STRAUSS
Bergmannstr. 42
Kreuzberg ②
030 6956 4453
www.cafestrauss berlin.de

Dieses Friedhofscafé auf dem Friedrichwerderschen Friedhof ist eine Oase der Ruhe im hippen und lauten Kreuzberg. Der perfekte Ort für einen Kaffee (der übrigens ausgezeichnet ist) und ein gutes Gespräch mit einem alten Freund.

115 CAFÉ STRAUSS

5
HIPSTER-COFFEEBARS

---

116 **HAPPY BARISTAS**
Neue Bahnhofstr. 32
Friedrichshain ④
*www.happy
baristas.com*

Wunderschönes Café direkt hinter dem Bahnhof Ostkreuz, das von dem Straßenkünstler El Bocho dekoriert wurde. Besitzer Marian Plajdicko war zweimal slowakischer Barista-Meister und arbeitete vorher in The Barn. Der aus verschiedenen Röstereien stammende Kaffee wird hier auf höchstem Niveau zubereitet und in grünen Tassen serviert.

117 **BONANZA COFFEE ROASTERS**
Oderberger Str. 35
Prenzlauer Berg ③
0171 5630 795
www.bonanzacoffee.de

Wie alle passionierten Berliner Röstereien hat auch das 2006 eröffnete Bonanza höchste Standards. In diesem auf Großhandel und Consulting ausgelegten Betrieb wird kein Essen angeboten, ungewöhnlich für Berlin, wo jeder die ganze Zeit zu essen scheint. Die Rösterei selbst befindet sich in der Adalbertstraße 70. Dass der hier hergestellte Kaffee auch im Soho House serviert wird, spricht für sich!

118 KASCHK
Linienstr. 40
Mitte ①
01578 1979 970
www.kaschk.de

Das Kaschk ist in dem markanten, modernistischen Gebäude L40 (auch bekannt als das Schwarze Labyrinth) untergebracht und mit Möbeln aus recyceltem Holz ausgestattet. Zwölf Sorten Craft Beer vom Fass, freundliche Mitarbeiter, ausgezeichneter Kaffee und Sie können hier Shuffleboard spielen!

119 FATHER CARPENTER COFFEE BREWERS
Münzstr. 21
Mitte ①
030 4004 4289
www.father carpenter.com

Das versteckt in einem schönen Innenhof an der belebten Münzstraße gelegene Father Carpenter ist eine gute Gelegenheit für einen Zwischenstopp beim Shoppen. Im Sommer gibt es zusätzlich einen Kaffeestand im Hinterhof des 14-oz.-Geschäfts in der Neuen Schönhauser Straße 1. Der Kaffee wird – ebenso wie der von Silo Coffee – bei Fjord Coffee geröstet.

120 CAFÉ HYGGE
Scharnhorststr. 5
Mitte ①
0162 8566 066
www.cafehygge. eatbu.com

Dieses kleine, günstige und gemütliche Café befindet sich zwischen Wedding und Mitte. Wenn Sie den Kaffee-Hype einmal satt haben und das echte Berlin erleben möchten, sind Sie hier genau richtig.

Die 5 Cafés mit dem
ALLERBESTEN KAFFEE

---

121 DOUBLEEYE
Akazienstr. 22
Schöneberg ⑦
0179 4566 960
www.doubleeye.de

Der Barista-Europameister Arno Schmeil eröffnete 2001 das DoubleEye. Es gibt nur wenige Sitzgelegenheiten, also trinken Sie Ihren Kaffee wie ein Italiener im Stehen oder schließen Sie sich den anderen Kaffeesüchtigen an, die ihn mitnehmen. Hier ist es immer (!) proppenvoll.

122 THE BARN
Auguststr. 58
(Ecke Koppenplatz)
Mitte ①
https://thebarn.de

Hunde und Kinderwagen müssen draußen bleiben, Laptops sind nur eingeschränkt erlaubt und die Verkehrssprache ist Englisch. Aber: Hier gibt es verdammt guten Kaffee, bitter und schwarz. Die Rösterei befindet sich in der Schönhauser Allee 8; sie ist größer, aber weniger gemütlich.

123 WESTBERLIN
Friedrichstr. 215
Kreuzberg ②
030 2592 2745
www.westberlin-barshop.de

Mag sein, dass es in der Gegend um den Checkpoint Charlie nicht viele schöne Cafés gibt. Das Westberlin ist die Ausnahme: sehr guter Kaffee und Kuchen, dazu Lesestoff in Form von tollen Magazinen. Kinder, Kinderwagen, Laptops, Hunde und Touristen willkommen.

124 **POPULUS COFFEE**
Maybachufer 20
Neukölln ⑥
0172 9884 176
www.populuscoffee.de

Finnische Coffeebar und Rösterei, eröffnet im Februar 2016. Hier können Sie wunderbar mit Sicht auf den Kanal draußen sitzen. Innen ist es hell und stylisch (ein Vorteil in den langen Berliner Wintern). Der Kaffee wird im Haus geröstet und es gibt leckere, hauptsächlich skandinavische Süßspeisen. Versuchen Sie die Zitronentörtchen.

125 **FIVE ELEPHANT**
Reichenberger Str. 101
Kreuzberg ②
030 6950 7444
www.fiveelephant.com

Einer der Klassiker für guten Kaffee ist das Five Elephant. Hier gibt es nicht nur unheimlich guten Kaffee, sondern auch einen sagenhaften Philadelphia-style Cheesecake. Das Five Elephant röstet die Bohnen selbst – davon werden Sie sicher etwas mitnehmen wollen.

123 WESTBERLIN

Die 5 tollsten
ALT-BERLINER KNEIPEN

---

126 **ZUR QUELLE**
Alt-Moabit 87
Moabit ⑨
030 3914 289

Wie viele Alt-Berliner Kneipen rund um die Uhr und 365 Tage im Jahr geöffnet. Barfrau Sabine bedient locker 100 Leute im Alleingang und kennt die meisten ihrer Gäste beim Vornamen. So etwas gibt es heute eigentlich gar nicht mehr – genau wie diese Kneipe.

127 **DIE HENNE BERLIN**
Leuschnerdamm 25
Kreuzberg ②
030 6147 730
www.henne-berlin.de

Diese Kneipe ist über 100 Jahre alt, und ebenso alt ist das Rezept für das legendäre, knusprige Brathähnchen, das mit Kartoffel- und Krautsalat serviert wird. Erwarten Sie in dieser wunderschönen alten Kneipe keinen Chai Latte! Dafür gibt es hier Berliner Spezialitäten wie Ingwerlikör. Unbedingt versuchen.

128 **BESENKAMMER-BAR**
Rathausstr. 1
Mitte ①
030 2424 083

Unter den Gleisen der Hochbahn zum Alexanderplatz befindet sich eine der ältesten Schwulenkneipen Berlins. Klein, dunkel und nahezu rund um die Uhr geöffnet. Frauen und Kinder sind hier willkommen, Darkrooms sucht man dagegen vergeblich.

129 **TIERGARTENQUELLE**
Bachstraße
S-Bahnbogen 481
und 482
Tiergarten ⑧
030 2472 8727
*www.tiergarten
quelle.de*

Auch die Tiergartenquelle versteckt sich unter den Gleisen der Hochbahn. Eigentlich eher ein Restaurant, wartet aber mit der typischen Kneipenatmosphäre auf. Auf der Karte steht deftige Berliner Küche, keine leichten Salate oder Ähnliches. Hier fühlt man sich in der Zeit zurückversetzt – und zwar um exakt 70 Jahre. Herrlich schöner Biergarten.

130 **DEPONIE N°3**
Georgenstr. 5
Mitte ①
030 2016 5740
www.deponie3.de

Eine weitere Kneipe unter den S-Bahn-Bögen. Bis vor 25 Jahren waren hier noch russische Panzer »deponiert«, nun bei Studenten der nahen Universität und ebenso bei VIPs und Touristen sehr beliebt. Die gemütliche Einrichtung vermittelt das typische Alt-Berliner Flair – und bei schönem Wetter können Sie sehr schön draußen sitzen.

Die 5 besten Bars zum
SEHEN UND GESEHEN WERDEN

---

131 **ANITA BERBER**
Pankstr. 17
Alte Fabrik
Pankeweg
Wedding ⑩
0176 6181 7262

Der Club bzw. die Kunst-Bar ist nach der provokanten Tänzerin und Schauspielerin Anita Berber benannt (1899–1928, siehe Hidden Secret 497). In diesem im zweiten Stock eines unauffälligen Gebäudes untergebrachten Etablissement, in das man nur über verschiedene Hinterhöfe gelangt, werden die Goldenen Zwanziger wieder lebendig.

132 **SCHWARZES CAFÉ**
Kantstr. 148
Charlottenburg ⑨
030 3138 038
www.schwarzescafe-berlin.de

Eine der wenigen Hipsterbars in Charlottenburg – sogar mit glutenfreier Pasta auf der Speisekarte. Rund um die Uhr geöffnet, nur dienstags von 3 Uhr nachts bis 10 Uhr morgens geschlossen, dann wird einmal gründlich durchgewischt.

133 **NEUE ODESSA BAR**
Torstr. 89
Mitte ①
www.neueodessabar.de

Täglich ab 19 Uhr geöffnet, ab 22 Uhr wird es voll. Hierhin verirren sich kaum Touristen, was für diesen Stadtteil eher ungewöhnlich ist. Leckere Getränke in edel-verkommener Atmosphäre mit rotem Teppich und schummrigem Licht. Draußen keine Sitzmöglichkeit.

134 **BOURBON DOGS**
   Spreewaldplatz 14
   Kreuzberg ②
   0174 8628 388
   *www.bourbon-
   dogs.com*

Bourbon, Bier und Hotdogs. Auf der Karte steht hier nur amerikanischer Whiskey, höchstens gemixt mit mexikanischem Mescal oder kanadischem Ahornsirup. Dienstags Happy Hour, dann gibt es zwei Whiskey-Shots und zwei Hotdogs zum Preis von einem.

135 **STRANDBAR MITTE**
   Monbijoustr. 3b
   Monbijoupark vis-à-vis Bode-Museum
   Mitte ①
   030 2838 5588
   *www.monbijou-theater.
   de/strandbar-tanz.html*

Die Strandbar bietet einen schönen Blick auf das Bode-Museum und die Spree. Bestellen Sie Bier und Pizza und sehen Sie dann den Touristenbooten oder den Tänzern auf der Tanzfläche zu. Oder, noch besser, besuchen Sie eine Vorstellung im Amphitheater oder in einer der Märchenhütten.

133 NEUE ODESSA BAR

135 STRANDBAR MITTE

5 großartige
QUEERE BARS

---

136 **BARBIE DEINHOFF'S**
Schlesische Str. 16
Kreuzberg ②

Berlin ist traditionell sehr tolerant in Bezug auf die sexuelle Orientierung, und so gibt es hier eine große schwule Szene. Das Barbie Deinhoff's ist queerer Kunstraum und exzentrische Bar, betrieben von der Performancekünstlerin Lena Braun.

137 **SILVERFUTURE**
Weserstr. 206
Neukölln ⑥
030 2390 0855
www.silverfuture.net

Ein Schild über der Theke teilt den Gästen mit einem Augenzwinkern mit, dass sie ihre »Heteronormativität« draußen lassen sollen – oder besser gleich selbst draußen bleiben. Das sagt viel über diesen Ort, der vor allem ein lesbisches Publikum anzieht. Sie werden die coole, entspannte Atmosphäre lieben.

138 **TOM'S BAR**
Motzstr. 19
Schöneberg ⑦
030 2134 570
www.tomsbar.de

Diese Schwulenbar ist besonders zu ganz später Stunde beliebt. Und das insbesondere montagabends, wenn es zwei Drinks zum Preis von einem gibt. Der Darkroom zieht vor allem Fetischisten und Kerle in Leder zum Cruising an. Hier ist Action garantiert.

139 MÖBEL-OLFE

Reichenberger Str. 177
Kreuzberg ②
030 2327 4690
www.moebel-olfe.de

Donnerstags Schwulenabend, dienstags nur für Frauen geöffnet. An den anderen Abenden ist auch »alles dazwischen« willkommen. Das ehemalige Möbelhaus wurde in eine quirlige Bar verwandelt und von zeitgenössischen Berliner Künstlern und Designern ausgestattet. Sorgfältige Musikauswahl, tolle DJs, wahnsinnig nette Atmosphäre. Eingang über die Dresdner Straße.

140 ROSES BAR

Oranienstr. 187
Kreuzberg ②
030 6156 570

Lassen Sie sich von dem unscheinbaren Äußeren nicht täuschen – hier ist alles möglich. Wenn Sie nicht genug bekommen können von der Farbe Rosa, Plüsch und Marienfiguren, sind Sie hier genau richtig. Früher Treffpunkt für ein LGBT-Publikum. Hier wird durchgängig gefeiert.

Die 5 Bars mit der besten
LIVE-MUSIK

---

141 **BAR BOBU**
Schwarnweberstr. 54
Friedrichshain ②
030 6891 5679
www.barbobu.de

Leicht zu übersehen, wenn Sie das einzige Hinweisschild auf der Straße verpassen. Jeden Mittwoch gibt es hier einen Singer-Songwriter-Abend mit manchmal überraschend guten Künstlern. Die kleine Bar mit nur wenigen Tischen ist gemütlich und verräuchert. Verdammt gute Mexikaner-Shots.

142 **PRACHTWERK**
Ganghoferstr. 2
Neukölln ⑥
030 4098 563
www.prachtwerk
berlin.com

Das Prachtwerk gibt es seit 2014. Es ist gleichzeitig Galerie und Café, dazu gibt es Live-Musik. Schöner Raum mit hohen Decken, der Kaffee stammt aus der Five-Elephant-Rösterei. Alle Nettogewinne werden in Berliner oder internationale soziale Projekte investiert.

143 **HANGAR 49**
Holzmarktstr. 15–18
Mitte ①
0172 7443 963
www.hangar49.de

Im Hangar 49 gibt es Musik und Kunst, aber er ist nicht leicht zu finden. Am besten folgen Sie den Hochbahngleisen, unter denen die Location wie viele Berliner Bars liegt. Trotzdem hat man hier einen fantastischen Blick auf die Spree. Jeden Mittwoch kostenlose Jamsessions.

144 B-FLAT

Dircksenstr. 40
Mitte ①
030 2833 123
www.b-flat-berlin.de

Berühmter Jazzklub in Berlin-Mitte, in dem Sie fast jeden Abend Jazzmusik live erleben können. Mittwochs Free Jazz und Experimental Jazz.

145 QUASIMODO

Kantstr. 12a
Charlottenburg ③
030 3180 4560
www.quasimodo.de

Einer der ältesten Jazz- und Bluesclubs Berlins. Der Jazzkeller, das Quasimodo-Café und ein Restaurant befinden sich unter dem Delphi-Kino. Im Sommer genießen Sie Ihren Drink am besten im großen Außenbereich mit mediterranem Feeling. Prince spielte hier im Mai 1987.

142 PRACHTWERK

141 BAR BÓBU

5 *wunderbare*
TEESTUBEN

---

146 CHÉN CHÈ TEEHAUS
Rosenthaler Str. 13
Mitte ①
030 2888 4282
www.chenche-berlin.de

Im Chén Chè gibt es eine Auswahl an exzellenten vietnamesischen Gerichten, aber vor allem sollten Sie hier auf einen Tee vorbeischauen: Bestellen Sie eine Kanne Bio-Sencha-Grüntee und dazu drei kleine Köstlichkeiten aus der Familienbäckerei. Serviert wird alles in umwerfend schönem Porzellan auf einer Holzplatte.

147 CAFÉ BUCHWALD
Barntingallee 29
Tiergarten ⑧
030 3915 931
www.konditorei-buchwald.de

Dieses Café ist seit fünf Generationen in Familienbesitz. Spezialität ist – neben den tollen Teesorten – der Baumkuchen, der seinen Namen von dem einem Stamm mit Jahresringen ähnelnden Aussehen hat. Dazu gibt es mehr als 55 weitere Kuchen, Gebäcke und Eistorten. Fantastisches Frühstück.

148 ERSTESAHNE-OTIVM
Kienitzerstr. 116
Neukölln ⑥
030 2239 8185

In diesem kleinen Laden nahe des fantastischen Tempelhofer Feldes gibt es Kuchen und Eis, auch in vielen glutenfreien und veganen Varianten, wie Eis aus Sojamilch oder sogar Olivenöl. Alles sehr lecker!

149 CAFÉ SIBYLLE
Karl-Marx-Allee 72
Friedrichshain ④
030 2935 2203
www.cafe-sibylle.de

Die Karl-Marx-Allee war früher nach Stalin benannt und hat eine interessante Vergangenheit. Im Café Sibylle werden alte Fotos der Straße in einer Dauerausstellung gezeigt, ab und zu werden auch Stadtführungen angeboten. Tee oder Kaffee und Kuchen in historischer Atmosphäre.

150 TADSHIKISCHE TEESTUBE
Oranienburger Str. 27
Mitte ①
030 2041 112
www.tadshikische-teestube.de

Die prächtige Einrichtung dieser Teestube war ein Geschenk der Tadschikischen Sozialistischen Sowjetrepublik. Sie wurde 1976 eröffnet, ist aber seitdem umgezogen. Der Tee wird in original russischen Samowaren serviert. Die Teezeremonien sind sehr beliebt, also besser reservieren.

Die 5 empfehlenswertesten
SINGLE-BARS

---

151 **CLÄRCHENS BALLHAUS**
Auguststr. 24
Mitte ①
030 2829 295
www.ballhaus.de

Das Clärchens ist eine Institution, zu der man nicht mehr viel sagen muss. Genießen Sie Ihr Essen entweder im Garten oder drinnen im alten Ballsaal, beides hat seinen Reiz. Freitags und samstags Schwoof-Abende für Singles, bei denen sich Einheimische und Touristen treffen. Denselben Eigentümern gehört auch die legendäre Strandbar Mitte.

152 **FISCH SUCHT FAHRRAD**
Frannz Club
(Kulturbrauerei)
Schönhauser Allee 36
Prenzlauer Berg ③
030 8485 0923
*www.fischsucht
fahrrad.berlin*

»Fisch sucht Fahrrad« ist die wahrscheinlich beliebteste Party für Singles in Berlin. Sie findet alle zwei Wochen im Frannz Club in der wunderschönen Kulturbrauerei statt. Vielleicht finden Sie ja hier beim Speeddating die Liebe Ihres Lebens? Ob Sie dann Fisch oder Fahrrad sind, spielt dabei ja keine Rolle.

153 BALLHAUS BERLIN

Chausseestr. 102
Mitte ①
030 2827 575
*www.ballhaus-
berlin.de*

Vergessen Sie WhatsApp und Tinder und versetzen sich stattdessen zurück in die Zeit der nummerierten Tischtelefone in den Nachtclubs und Ballhäusern. Während der Weimarer Zeit waren sie der heiße Draht zum Objekt der Begierde. Im Ballhaus Berlin erinnern sie an die verruchten Zwanzigerjahre. Flirten im Retrostil!

154 DSCHUNGEL

Friedelstr. 12
Neukölln ⑥
*www.cinegeek.de/
fitzcarraldo*

Diese Location ist Bar, Restaurant, Kino, Café und mehr – und das nicht nur für Singles. Hier können Sie die ganze Nacht bei Kaffee oder Bier Filme schauen oder einfach die Atmosphäre genießen. Die Wände sind mit Dschungelmotiven tapeziert. Ich Tarzan, Du Jane?

155 MANGELWIRTSCHAFT

Paul-Robeson-Str. 42
Prenzlauer Berg ③
030 6040 5767
*www.mangel
wirtschaft.berlin*

Das Mangelwirtschaft ist nicht nur ein Waschsalon, sondern gleichzeitig ein wirklich gemütliches Café. Hier können Sie zu Mittag essen oder nur etwas trinken, während die Wäsche durchläuft – und dabei ganz nebenbei die Nachbarn kennenlernen. Täglich bis 22 Uhr geöffnet.

5 Bars mit einer
GROSSARTIGEN
AUSSICHT

---

156 **KLUNKERKRANICH**
Karl-Marx-Str. 66
(Dach der Neukölln
Arcaden)
Neukölln ⑥
*www.klunker
kranich.de*

Neuköllner Hipster und junge Familien treffen sich auf der grünen Dachterrasse der hässlichen Neukölln Arcaden, um den Sonnenuntergang über Berlin zu genießen, während ein DJ auflegt. Dazu gibt es Fusion Food, Flohmärkte, Cocktailbars und vieles mehr – und das alles auf (statt unter) einem Dach. Natürlich nur im Sommer.

157 **DECK5**
Dach der Schönhauser Arcaden
Prenzlauer Berg ③
030 4172 8905
*www.freiluft
rebellen.de*

Das Deck5 ist eine Strandbar im 7. Stock eines Parkhauses und mit 400 m² in einer Höhe von 63 Metern über dem Meeresspiegel der höchste Strand Berlins. Chillen Sie auf einer Couch, nippen Sie an einem Cocktail oder genießen Sie einfach nur die Aussicht mit dem Fernsehturm, Berlins Wahrzeichen, und malen Sie mit Ihren Zehen Kreise in den weißen Sand.

158 ANDEL'S HOTEL SKYKITCHEN
Landsberger Allee 106
Lichtenberg
030 4530 53 2620
www.skykitchen.berlin

Abseits vom angesagten Stadtzentrum, in einer Gegend, die von Hochglanzmagazinen oft übersehen wird, befindet sich dieses hübsche neue Hotel. Der 14. Stock beherbergt zwei versteckte Schätze: ein mit Michelin-Sternen prämiertes Restaurant namens Skykitchen und die Skybar, in der man bei einem fantastischen Blick über die Stadt ausgezeichnete Getränke genießen kann.

159 MONBIJOU HOTEL
Monbijouplatz 1
Mitte ①
030 6162 0300
www.monbijou hotel.com

Von der gemütlichen Dachterrasse des Boutique-Hotels aus haben Sie einen fantastischen Rundumblick auf die Stadt: vom Dom über die Museumsinsel bis zum Fernsehturm, zum gesamten Scheunenviertel und zum Hackeschen Markt.

160 HOUSE OF WEEKEND
Alexanderstr. 7
Mitte ①
0152 2429 3140
www.houseof weekend.berlin

Dieser Club befindet sich im Haus des Reisens am Alexanderplatz. Das House of Weekend belegt die 12., 15. und die Dachterrassenetage dieses alten sowjetischen Hochhauses und bietet seinen Besuchern einen fantastischen Blick auf den Alexanderplatz und seine Umgebung. Im Sommer täglich ab 19 Uhr geöffnet.

Die 5 besten
WEINBARS

---

161 **OTTORINK**
Dresdener Str. 124
Kreuzberg ②
030 6098 09270
www.ottorink.de

Nette und gemütliche Weinstube, benannt nach dem Großvater des jetzigen Besitzers und älteste der Stadt. Im Angebot sind vor allem deutsche Weine. Inhaber Andreas ist gelernter Winzer und hat ein Faible für Moselweine. Eine riesige Tafel listet alle Weine auf, die glasweise bestellt werden können.

162 **LUST BAR**
Torstr. 225
Mitte ①
0170 8813 088
www.lust-bar.com

In der Lust Bar – welch großartiger Name – gibt es nur französische Weine, dazu Käse- und Wurstplatten mit verschiedenen Tapenaden. Mittagessen zu fairen Preisen. Romuald, der Besitzer, organisiert verschiedene Veranstaltungen und Pop-up-Events. Informationen dazu auf der Homepage.

163 CORDOBAR
Große Hamburger Str. 32
Mitte ①
030 2758 1215
www.cordobar.net

Die stets gut gefüllte Cordobar ist mehr als nur irgendeine Weinbar. Sie hat fast 1000 sorgfältig ausgewählte Weine aller Preisklassen im Angebot, mit Schwerpunkt auf den Erzeugnissen österreichischer Weingüter. Und wenn Sie Hunger haben: Alle Gerichte auf der Speisekarte sind einfach exquisit.

164 HAMMERS WEINKOSTBAR
Körtestr. 20
Kreuzberg ②
030 6981 8677
www.hammers-wein.de

Sommelier Jürgen Hammer und seine Partnerin Manuela Sporbert betreiben diese bodenständige und gemütliche Weinbar. Erhaltene Einrichtungsstücke der vorher hier ansässigen Fleischerei sorgen für ein einzigartiges Vintage-Feeling. Ausgezeichnete Weinberatung und sorgfältig ausgewählte (meist französische) Käsesorten und Pasteten.

165 GALLINA-VINERIA BAR
Pücklerstr. 20
Kreuzberg ②
030 4176 6550
www.bargallina.de

Von den Betreibern von Der Goldene Hahn und Fratelli la Bionda. In allen drei Restaurants gibt es sehr gutes italienisches Essen in gemütlicher, typisch italienischer Atmosphäre. Das Gallina ist auf Wein und Antipasti spezialisiert. Die meisten Weine stammen von kleinen italienischen Erzeugern.

5 Orte, an denen es
SICH GUT ARBEITEN LÄSST

---

166 **SANKT OBERHOLZ**
Rosenthaler Str. 72a
Mitte ①
030 5557 8595
www.sanktoberholz.de

Beim Rosenthaler Platz fallem einem Autos, Räder, Dönerläden und Hipster ein. Dabei gibt es hier auch das Sankt Oberholz mit Coworking Spaces, Konferenzräumen, einer schönen großen Bar und sogar Apartments. Sehr gutes Essen und Getränke, angenehme Atmosphäre. Die Chance, dass man einem MacBook anstatt einer Person gegenübersitzt, ist allerdings groß.

167 **DISTRIKT COFFEE**
Bergstr. 68
Mitte ①
www.distriktcoffee.de

Schick und geschmackvoll eingerichtetes Café in einer ruhigen, noch nicht total gentrifizierten Straße. Achtung, der Kaffee ist hier wirklich stark! Der perfekte Start in den Arbeitstag, vor allem in Kombination mit dem wirklich guten Frühstück.

168 GODSHOT
Immanuelkirchstr. 32
Prenzlauer Berg ③
0179 5112 643
www.godshot.de

Fabelhafte Espressobar, wo Sie bei Sonnenschein auch herrlich draußen sitzen können. Hier spürt man die Leidenschaft für Kaffee. Workshops und Seminare ergänzen das Angebot. Freundliche Bedienung, Kinder willkommen – für sie liegt Spielzeug bereit. Interessante Geschäfte in der Nachbarschaft.

169 CAFÉ BILDERBUCH
Akazienstr. 28
Schöneberg ⑦
030 7870 6057
www.cafe-bilderbuch.de

Galerie, Bücherei, Bar, Restaurant – das Café BilderBuch ist vieles, verteilt auf mehrere Räume, drinnen und draußen. In einem Hinterzimmer steht ein Klavier, auf dem jeder, der sich traut, spielen darf. Angenehmes Lokal mit dem Flair des Alteingesessenen.

170 WALE CAFÉ
Hobrechtstr. 24
Neukölln ⑥
www.walecafe.com

Die drei italienischen Besitzer des Wale Café haben ausgewählte Bücher aus ihrer Heimat im Angebot. Das Literaturcafé ist außerdem Sprachschule, Kreativlabor, Restaurant und Bar. Hier kann man prima bei einem Espresso arbeiten. Sehr nette Bedienung, italienische Herzlichkeit inklusive!

5 Adressen für
GESUNDE GETRÄNKE

---

171 LIQUID GARDEN BERLIN
Stargarder Str. 72
Prenzlauer Berg ③
0176 8000 3378
www.liquidgarden.berlin

Einfach süße Smoothie-Bar mit vor allem grünen Smoothies, aber auch Suppen und Säften. Alle Verpackungen sind biologisch abbaubar, die meisten Zutaten bio. Wirklich lecker – wer sogar hier sein Gemüse verschmäht, dem ist nicht mehr zu helfen!

172 DALUMA
Weinbergsweg 3
Mitte ①
030 2095 0255
www.daluma.de

Die kaltgepressten Säfte, Smoothies und Health Shots haben sich umgehend einen Platz im Herzen des hippen Mitte-Publikums erobert. Dazu leckere Rohkost und Veganes. Begrenzte Sitzmöglichkeiten, machen Sie es sich am besten im nahen Weinbergpark bequem.

173 FUNK YOU NATURAL FOOD
Bikini Berlin
Budapester Str. 46
Charlottenburg ⑨
01578 1901 620
www.funkyounaturalfood.com

Zu finden im Bikini Berlin, der schicken Concept-Shoppingmall im Bauhaus-Stil, direkt vor dem großen Panoramafenster mit Blick auf die Affengehege des Zoos. Spezialisiert auf Rohkost und Smoothies, dazu eine Auswahl an veganen Kuchen, Sandwiches und Suppen. Zweiter Standort in Mitte, Rosenthaler Straße 23.

174 GOODIES

Warschauer Str. 69
Friedrichshain ④
030 4403 6048
www.goodies-berlin.de

Deli mit mehreren Filialen. Vegetarisches und veganes Essen, besonders lecker sind die Salate, aber auch die Süßspeisen, wie z. B. die Erdbeer-Mandel-Tarte oder der Power-Chia-Pudding. Köstlicher Kaffee.

175 BJUICE

Metzerstr. 10
Prenzlauer Berg ③
030 4005 3400
www.bjuice.de

Beshar und Susi haben bei ihrem Studium in Kalifornien gelernt, wie man für einen gesunden Geist in einem gesunden Körper sorgt. Zurück in der deutschen Heimat eröffneten sie diese Bar mit kaltgepressten Säften. Ein-, drei- oder fünftägige Saftkuren. Tolle Health Shots.

Die 5 coolsten
BIERGÄRTEN
und BRAUEREIEN

---

176 **ESCHENBRÄU**
Triftstr. 67
Wedding ⑲
0162 4931 915
www.eschenbraeu.de

In der Brauerei Eschenbräu im Keller eines Wohnblocks im Wedding kann man die drei Standardangebote Pils, Dunkel und Panke Gold auch im angeschlossenen Biergarten genießen. Dazu neun saisonale Biere. Ein Genuss für echte Bierliebhaber.

177 **BIERHOF RÜDERSDORF**
Rüdersdorfer Str. 70
Friedrichshain ④
030 2936 0215
www.bierhof.info

Friedliche Oase direkt hinter dem Techno-Tempel Berghain. Hier können Sie wunderbar in der Sonne frühstücken und dabei die müden Gesichter der Partygänger beobachten, wenn sie nach 48 oder mehr Stunden den legendären Club verlassen.

178 **ZOLLPACKHOF**
Elisabeth-Abegg-Str. 1
Mitte ①
030 3309 970
www.zollpackhof.de

Hier geht es ein bisschen schicker zu als sonst im Biergarten, vielleicht weil sich dieser im Regierungsviertel und nahe des Reichstags befindet. Auf der Karte stehen sehr gute süddeutsche Gerichte. Innenbereich mit schönem Kamin für kalte Winterabende.

179 VAGABUND

Antwerpener Str. 3
Wedding ⑩
030 5266 7668
*www.vagabund
brauerei.com*

»Drei Amerikaner in Berlin«, das könnte fast ein Filmtitel sein – hier bezieht es sicher aber auf die Entstehungsgeschichte der Brauerei, die von den besagten drei Amerikanern im ehemaligen französischen Sektor gegründet wurde. Die sechs verschiedenen Craft-Beer-Sorten, darunter ein Triple Beer mit spezieller belgischer Hefe, können Sie in der gemütlichen Schankstube probieren. Führungen durch die Brauerei, Braukurse.

180 HOPFENREICH

Sorauer Str. 31
Kreuzberg ②
030 8806 1080
www.hopfenreich.de

In der renovierten Eckkneipe sind nicht weniger als 22 Biere vom Fass im Angebot, die Sie an der schönen Theke im Steampunk-Look probieren können. Biertrinken auf höherem Niveau. Craft-Beer-Touren, Bierproben.

30 ORTE ZUM AUSGEHEN

Die 5 schönsten Orte zum **TANGO TANZEN** —— 106

Die 5 **TRENDIGSTEN CLUBS** ——————— 108

5 Bars und kleine Clubs, in denen
GETANZT *werden darf* ————————————— 110

5 Orte für eine gute **CABARET-**
oder **BURLESQUE-SHOW** ——————————— 112

5 **AUSGEFALLENE** *Orte zum Ausgehen* ———— 114

Die 5 besten Adressen für **KARAOKE** —————— 116

Die 5 schönsten Orte zum **TANGO TANZEN**

---

181 **TANGOLOFT**
Gerichtstr. 23
Wedding ⑲
0172 5734 323
www.tangoloft-berlin.de

Berlin ist die vielleicht größte Tango-Metropole nach Buenos Aires. Jeden Tag gibt es *milongas* (Tango-Abende) und Kurse. Einer der schönsten Orte dafür ist das elegante Tangoloft. Wenn Sie nicht tanzen wollen, können Sie auch etwas essen und trinken und die Atmosphäre auf sich wirken lassen. Oder vielleicht im Shop ein paar Tangoschuhe anprobieren?

182 **BEBOP**
Pfuelstr. 5
Friedrichshain ④
0176 3149 0257
www.bebop-berlin.com

Das Bebop befindet sich im Erdgeschoss eines ehemaligen Warenlagers aus dem Jahre 1908. Jeden Samstagnachmittag gibt es ein »Tangocafé« und jeden Dienstagabend eine »Tangobar«. Auf der großen Terrasse können Sie tanzen oder einfach den Blick auf den Fernsehturm und die East Side Gallery genießen, während die Spree im Abendlicht glitzert. Unbezahlbar.

183 **DAS WALZERLINKS-GESTRICKT**
Am Tempelhofer
Berg 7d
Kreuzberg ②
030 6950 5000
www.walzerlinks
gestrickt.de

In diesem Ballhaus steht Tango im Vordergrund, das Angebot umfasst aber auch Salsa- und Swingunterricht. Der Saal mit seiner 6,6 Meter hohen Decke, der Galerie und den roten Samtvorhängen erinnert an die Kultur der Zwanziger- und Dreißigerjahre. Samstags *milonga* (Tango-Abend) mit Gastgeber DJ Michael Rühl, der auch das Internationale Tangofestival Berlin organisiert.

184 **CONTEMPORARY TANGO FESTIVAL**
Hauptbahnhof
Europaplatz 1
Mitte ①
www.ohrenstrand.de

Jedes Jahr im August im berühmten Berliner Hauptbahnhof. Bei dem Festival, das in Zusammenarbeit mit der Zeitgenössischen Oper Berlin organisiert wird, liegt der Schwerpunkt auf Neo-Tango. Erfahrene Tangotänzer sollten sich diese Gelegenheit nicht entgehen lassen!

185 **INSOMNIA**
Alt-Tempelhof 17–19
Tempelhof
0177 2333 878
www.insomnia-
berlin.de

Erotik-Nachtclub, der alle Arten von (äußerst!) verruchten Partys organisiert. Jeden zweiten Mittwoch im Monat ist »Tango Vicioso«-Nacht im Ballsaal im ersten Stock. Der Raum hat eine wunderbare Fin de siècle-Atmosphäre und die Musik – eine Mischung aus altem und neuem Tango – ist einfach fantastisch. Ein Rat: Seien Sie offen für alles und dem Anlass entsprechend gekleidet.

Die 5
TRENDIGSTEN CLUBS

---

186 **PRINCE CHARLES**
Prinzenstr. 85f
(Moritzplatz)
Kreuzberg ②
www.prince
charlesberlin.com

Das Prince Charles ist groß, neu gestaltet und schick, und damit ganz anders als die meisten Berliner Clubs. Die versenkte Bar ist wirklich cool. Die Getränke sind vielleicht etwas teurer als woanders, aber lassen Sie sich deswegen nicht davon abhalten, den köstlichen Lady Diana zu probieren. Sorgfältige Musikauswahl mit Schwerpunkt auf elektronischer Musik.

187 **SALON ZUR WILDEN RENATE**
Alt-Stralau 70
Friedrichshain ④
030 2504 1426
www.renate.cc

Typischer Berliner Club mit verschiedenen Floors und Räumen – und mit dramatischer Atmosphäre. Sowohl das Publikum als auch das Personal sind nett, aber auch ein bisschen seltsam – wie man es in einer der coolsten Locations in Berlin erwarten kann. Der fabelhafte Außenbereich ist im Sommer und manchmal auch im Winter geöffnet.

188 **KATER BLAU**

Holzmarktstr. 25
Mitte ①
030 5105 2134
www.katerblau.de

Diesen legendären Club vertrieb die Gentrifizierung 2014 aus seiner ursprünglichen Umgebung. Der Atmosphäre hat der Umzug zum Glück keinen Abbruch getan. Die neue, sehr schöne Location nahe der Spree bietet einen großzügigen Außenbereich, mehrere Floors und Chill-out-Areas. Günstige Preise und exzellenter Elektro. Ein wahres *Hidden Secret*!

189 **KITKATCLUB**

Köpenickerstr. 76
Mitte ①
www.kitkatclub.org

Mehr als nur ein Club. Das KitKat ist ein Ort für Hedonisten, in dem Liebe und Lust neue Dimensionen erreichen und die Bedürfnisse aller mit größtem Respekt behandelt werden. Beim Clubbing im KitaKat erwartet Sie eine großartige Nacht, in der alles möglich ist. Miau.

190 **://ABOUT BLANK**

Markgrafendamm 24c
Friedrichshain ④
www.aboutblank.li

Früher ein illegaler Club, dann wurde dezent renoviert. In den scheinbar endlos verwinkelten Räumen gibt es zwei größere Tanzflächen. Im Sommer legen im Garten DJs auf und manchmal spielen dort auch Bands. Der Garten ist auch im Winter geöffnet, dann oft mit Lagerfeuer. Super Sound.

5 Bars und kleine Clubs, in denen **GETANZT** werden darf

---

191 **BADESCHIFF**
Eichenstr. 4
Friedrichshain ④
030 5332 030
www.arena.berlin/
veranstaltungsort/
badeschiff

Man nehme einen schwimmbaren Untersatz, fülle ihn mit Wasser und setze ihn in einen Fluss – und schon hat man den perfekten Swimmingpool. Der Blick auf die Mediaspree, die Oberbaumbrücke und den monumentalen Molecule Man ist unbezahlbar.

192 **DAS HOTEL (CLUB)**
Mariannenstr. 26
Kreuzberg ②
030 8411 8433
www.dashotel.org

Viel mehr als nur ein Hotel ist Das Hotel: Es ist zusätzlich Bar, Restaurant (The Bistro) und Club. Zimmer können nur per E-Mail gebucht werden. Das Hotel versteht sich als Gegenpol zu all dem Kommerz, der heute in den Hipsterbezirken vorherrscht.

193 **FUCHS & ELSTER**
Weserstr. 207
Neukölln ⑥
01522 3447 181
www.fuchsund
elster.com

Das Fuchs & Elster in der schicken Weserstraße ist gleichzeitig Bar und Restaurant (unbedingt die Tapas probieren!). Sorgfältig ausgewähltes Angebot an Konzerten und Partys. Im Sommer auch für die Cocktails im berühmten Klunkerkranich auf dem Dach der Neukölln Arcaden zuständig. Rauchfrei.

194 **OH! CALCUTTA**
Koloniestr. 9
Wedding ⑩
0176 7677 6842
www.ohcalcutta-
berlin.de

Elegante, funky Cocktailbar, in der gelegentlich Konzerte und Jamsessions stattfinden. Die Lage weit ab vom Schuss ist ein großer Vorteil: Das Oh! Calcutta ist nicht so überfüllt wie so viele andere Locations in Berlin.

195 **BAR TAUSEND**
Schiffbauerdamm 11
Mitte ①
030 2758 2070
www.tausend
berlin.com

Ausgefallener Club, Bar und asiatisch-ibero-amerikanisches Restaurant, das nicht leicht zu finden ist. Halten Sie nach einer schmucklosen Eisentür im Schatten der Paris-Moskau-Bahn Ausschau. Der Moscow Mule ist legendär. Im Restaurant am besten reservieren.

194 OH! CALCUTTA

5 Orte für eine gute
CABARET- *oder*
BURLESQUE-SHOW

196 **WINTERGARTEN**

Potsdamer Str. 96
Tiergarten ⑧
030 588 433
www.wintergarten-berlin.de

Ein nicht mehr ganz so geheimer Tipp, denn die ganze Gegend ist mittlerweile in Bewegung. Vor allem eröffnen hier immer mehr tolle Galerien. Eines der schönsten Varieté-Theater in Europa. Spiegel, Holz, ein Sternenhimmel und dunkelroter Samt. Große Burlesque- und Cabaret-Shows, Live-Musik.

197 **PRINZIPAL**

Oranienstr. 178
Kreuzberg ②
030 6162 7326
www.prinzipal-kreuzberg.com

Im Prinzipal hat man nicht wie sonst in Berliner Clubs das Gefühl, in einem fremden Wohnzimmer zu sitzen. Jazziger, nostalgischer Vibe. Klein, gemütlich und ideal für einen abendlichen Drink. Samstags stehen oft Burlesque-Shows auf dem Programm.

198 KLEINE NACHTREVUE
Kurfürstenstr. 116
Schöneberg ⑧
030 2188 950
www.kleine-nachtrevue.de

Direkt neben der Kurfürstenstraße mit ihren Prostituierten (erinnern Sie sich an Christiane F.?) befindet sich das berühmte Französische Gymnasium mit seinen vorbildlich erzogenen Schülern – und dieser Nachtclub: ein stilvolles erotisches Theater mit hedonistischer Zwanzigerjahre-Atmosphäre und einem Hauch von Avantgarde.

199 ZUM STARKEN AUGUST
Schönhauser Allee 56
Prenzlauer Berg ③
030 2520 9020
www.zumstarkenaugust.de

Tolle Unterhaltung und viele schöne Burlesque-Shows gibt es in dieser gemütlichen und schön dekorierten Bar. Dazu eine große Auswahl an Craft Beer und sonntags Frühstück. Berühmt für das monatliche »Porno-Karaoke«. Vernünftige Preise.

200 VAUDEVILLE VARIETY BURLESQUE REVUE
Verschiedene Orte
www.vaudeville-variety.com

Dieses Burlesque-Festival findet jährlich im September im Tipi am Kanzleramt oder im Admiralspalast statt. Freuen Sie sich auf das Beste aus der Berliner und internationalen Burlesque-Szene, dazu auf verruchten Boylesque, Freak-Shows, Striptease und Cabaret. Tickets online.

5
AUSGEFALLENE
Orte zum Ausgehen

---

201 **CLUB KAFFEE BURGER**
Torstr. 60
Mitte ①
030 2804 6495
www.kaffeeburger.de

Kultiger Club, in dem der Schweiß von der Decke tropft. Musik von ausgesuchter Qualität, dazu Lesungen und Poetry Slams. Bekannt für die Russendisko-Abende (*www.russendisko.de*) des Schriftstellers Wladimir Kaminer, der das gleichnamige Buch schrieb und bei diesen Events regelmäßig auflegt.

202 **CAKE CLUB**
Mariannenstr. 27
Kreuzberg ②
01514 7024 310

Winziger Club mit zwangloser Atmosphäre mitten im lebhaften Kreuzberg. Für kleines Geld gibt es hier Rock, Balkan Beats und Indie – ungewöhnlich im sonst so auf elektronische Musik versessenen Berlin.

203 **BAR SODOM & GOMORRA**
Torstr. 164
Mitte ①
030 9900 4088
www.bar-sodomundgomorra.de

Eleganter Club von Cem Erzincan, der vorher im The Grand und im Pret A Diner arbeitete. Ein echter Blickfang ist die Reproduktion des Jüngstens Gerichts aus der Sixtinischen Kapelle an der Decke der Bar. Tipp: Versuchen Sie den Forbidden Apple. Und: Ziehen Sie sich etwas Schickes an und läuten Sie.

204 CLUB DER VISIONAERE

Am Flutgraben 1
Treptow ⑤
030 6951 8942
*www.clubder
visionaere.com*

Ein Backsteinhaus am Kanalufer beherbergt den winzigen Club mit Büros im Ober- und Tanzfläche im Erdgeschoss. Liebster Aufenthaltsort der meisten Gäste im Sommer ist draußen unter dem Blätterdach der Trauerweide. Seit 2016 gehört das Boot Hoppetosse ebenfalls zum Club – im Sommer prima für ein Sonnenbad, im Winter ein zusätzlicher Innenraum.

205 LUCID

Verschiedene Orte
www.lucid.dance

Hier ist wirklich jeder willkommen. An einem Sonntagnachmittag im Monat treffen sich hier alle – ohne Alkohol und Drogen, dafür bei Roh-Kakao, Super-Food-Smoothies, Kräutermischungen, veganem Essen und mit viel Herz. »Neo-Hippie« beschreibt das Ganze recht gut, aber das Lucid selbst will sich in keine Schublade stecken lassen.

Die 5 besten Adressen für
KARAOKE

---

206 **GREEN MANGO**
Bülowstr. 56–57
Kreuzberg ②
030 7563 7394
www.greenmango24.de

Europas größte Karaoke-Bar (fast 700 m²), mit viel deutscher Musik. Dazu eine Lounge Bar und ein Restaurant. Sehr laut, sehr jung und sehr beliebt. Nur für Hardcore-Karaoke-Fans!

207 **MONSTER RONSON'S ICHIBAN KARAOKE**
Warschauer Str. 34
Friedrichshain ③
030 8975 1327
www.karaoke
monster.de

Trendigste Karaoke-Bar der Stadt, mit internationalem Vibe. Alle, die Karaoke langweilig finden, sollten es mit dem Monster Ronson's versuchen. Sehr beliebt, hier muss Tage, manchmal sogar Wochen im Voraus reserviert werden. Private Kabinen buchbar.

208 **HAFENBAR BERLIN**
Karl-Liebknecht-Str. 11
Mitte ①
030 2828 593
www.hafenbar-berlin.de

Diese Bar im ehemaligen Ostberlin wird seit etwa fünf Jahrzehnten von Kapitän Klaus Zagermann geführt. Westliche Gäste kamen erst ab 1974, als die Einreise von West nach Ost mit einem Berechtigungsschein möglich wurde. Der Siegeszug der sogenannten Balkan Beats im Westen nahm vermutlich hier seinen Ausgang.

209 **BEARPIT KARAOKE**

Mauerpark
Prenzlauer Berg ③
0157 8065 6279
*www.bearpit
karaoke.com*

Ein Besuch des Bearpit Karaoke ist der perfekte Abschluss für einen sommerlichen Sonntagnachmittag auf dem Flohmarkt am Mauerpark. Dann versammeln sich in dem steinernen Amphitheater gutgelaunte Menschen, um den Sänger nach Kräften zu unterstützen. Mithilfe der von Joe Hatchiban zur Verfügung gestellten mobilen Boxen können Sie hier Bianca Castafiore nacheifern.

210 **NOKA KOREA KARAOKE**

Schulstr. 29
Wedding ⑩
030 6174 6796

Für alle, die schon immer einmal in Koranisch, Japanisch, Mongolisch oder welcher Sprache auch immer singen wollten. Hier vergessen Sie schnell, dass Sie eigentlich in Berlin sind, Asiakitsch und koreanische Küche inklusive. Perfekt für einen ungewöhnlichen und unvergesslichen Abend.

80 ORTE ZUM SHOPPEN

Die 5 besten Läden für **BERLINER FASHION** —122

5 wirklich einzigartige **CONCEPT-STORES** —124

Die 5 bezauberndsten **VINTAGE-LÄDEN** —127

5 original **BERLINER BRANDS** —129

Die 5 coolsten Läden für **VINYL** —131

5 wunderbare **UNABHÄNGIGE BUCHHANDLUNGEN** —133

5 Läden für **UNGEWÖHNLICHE MITBRINGSEL** —136

Die 5 tollsten Läden für **AKTUELLES DESIGN** —138

Die 5 besten Läden für **VINTAGE-KLEIDUNG** —141

5 besonders inspirierende **SCHMUCKGESCHÄFTE** —143

5 Adressen für **EXKLUSIVE FASHION FÜR FRAUEN** —145

*Die 5 besten Adressen
für* **HERRENKLEIDUNG** ——————— 147

Die 5 coolsten Läden für **SNEAKER**
und **SCHUHE** ——————————— 149

5 heiße **SEXSHOPS** ——————————— 151

5 Einkaufsviertel,
DIE KAUM JEMAND KENNT ————— 153

5 EINZIGARTIGE *Geschäfte* ——————— 156

Die 5 besten Läden für
BERLINER FASHION

---

211 **STOKX SHOP+STUDIO**
Rosenthaler Str. 39
Haus Schwarzenberg, Innenhof
Mitte ①
030 2804 5268
www.stokx.de

Im Haus Schwarzenberg spürt man die Seele Berlins: Es ist das letzte original erhaltene Gebäude in einer komplett gentrifizierten Gegend. Hier ist das Label Stokx beheimatet, das für schöne und funktionale Kleidung steht. Alles made in Germany.

212 **LALA BERLIN**
Alte Schönhauser Str. 3
Mitte ①
030 2009 5363
www.lalaberlin.com

Leyla Piedayesh, in Teheran geboren, begann mit selbst gehäkelten Kleidungsstücken, die sie auf dem Flohmarkt verkaufte. Ihre unkonventionellen, eleganten und oft sehr farbenfrohen Designs haben mittlerweile die Welt erobert. Nicht nur Cameron Diaz, Jessica Alba und Natalie Portman zählen zu ihren Fans!

213 **KONK/MITTE**
Kleine Hamburger Str. 15
Mitte ①
030 2809 7839
www.konk-berlin.de

Winziger, auf Berliner Designer und Labels spezialisierter Laden in einer der hübschesten Straßen Berlins. Edda Mann, die passionierte und hilfsbereite Inhaberin, ist immer auf der Suche nach neuen Talenten.

214 THONE NEGRÓN

Linienstr. 71
Mitte ①
030 5316 1116
www.thonenegron.com

Thone Negrón, 2008 gegründet von der ehemaligen Konk-Inhaberin Ettina Berrios-Negrón, ist vor allem für grandiose Hochzeitskleider bekannt. Aber das Label hat auch Ready-to-Wear-Stücke und exklusive Kleider im Angebot. Klassische und gleichzeitig hochaktuelle Designs.

215 MOON BERLIN

Erich-Weinert-Str. 15
Prenzlauer Berg ③
030 4195 7796
www.moonberlin.com

Diese Kooperation zwischen einem Modelabel und der NASA ist wohl kaum alltäglich. Moon Berlin wurde 2010 von Christian Bruns gegründet, der auf der Suche nach innovativen, zukunftsweisenden Produktionsmethoden war. Radikal modernes Label mit einzigartigen Designs und langlebiger Qualität. Beheizte Kaschmirmäntel!

211 STOKX SHOP+STUDIO

5 wirklich einzigartige
CONCEPT-STORES

---

216 **THE CORNER**
Französische Str. 40
Mitte ①
030 2067 0940
*www.thecorner
berlin.de*

Brauchen Sie einmal eine Pause von Berlins Shabby-Chic und hätten lieber exklusive Kleidung à la Hollywood? Dann sind Sie hier richtig! In den riesigen (750 m²) Concept-Store verschlägt es viele Touristen vom nahen Gendarmenmarkt. Internationale Luxusmode-Labels wie Louboutin oder Hermès. Dazu Designermöbel, Parfüm und Schmuck. Corner hat einen Ableger in Charlottenburg und einen weiteren, kleineren in Mitte.

217 **OUKAN**
Kronenstr. 71
Mitte ①
030 2062 6700
www.oukan.de

Japanische und internationale Avantgarde-Mode, meist in Schwarz und dazu etwas Weiß. Oukan wurde im Herbst 2016 in einem alten Berliner Ballhaus wiedereröffnet und mit einer Dessert-Bar ausgestattet. Hip, wunderschön, teuer und mit vielen einzigartigen Designs.

220 **TYPE HYPE**

218 ANDREAS MURKUDIS
Potsdamer Str. 81e
Tiergarten ⑧
030 6807 98306
www.andreas
murkudis.com

Andreas Murkudis war Direktor des Museums der Dinge. Seinen Läden sieht man seine Liebe zu schönen und ästhetischen Dingen sofort an – er verkauft nur, was er selbst gerne kaufen würde. Und das setzt außergewöhnliche Designs voraus. Zwei Läden in der Potsdamer Straße und einer im Bikini Haus (der weltweit ersten Concept-Shoppingmall) zeugen von seinem Erfolg.

219 VOOSTORE
Oranienstr. 24
Kreuzberg ②
030 9120 6690
www.vooberlin.com

Hipster-Alarm! 300 m², gefüllt mit den Kollektionen hipper und exklusiver Marken (Joseph, Acné Studios, Alexander Wang …), alles auf dem Gelände eines ehemaligen Schlossereibetriebs in einem Hinterhof in der Oranienburger Straße. Im integrierten Café gibt es köstlichen Kuchen.

220 TYPE HYPE
Rosa-Luxemburg-Str. 9–13
Mitte ①
030 3027 5914
www.typehype.com

Small is beautiful – das gilt zumindeste hier. Im Type Hype gibt es ausgesuchte Premium-Designer-Produkte (Tassen, Kissen, Papeterie …). Alles steht im Zeichen der gedruckten Lettern. Das Label steht für nachhaltige, handgemachte Produkte aus regionaler Herstellung. Und für urbanes, hippes, stylisches Design. Dazu gibt es hier sehr guten Kaffee und Frühstück von 8 Uhr morgens bis 8 Uhr abends.

Die 5 bezauberndsten
VINTAGE-LÄDEN

---

221 **VINTAGE LIVING**
   Oranienstr. 53
   Kreuzberg ②
   030 6959 9496
   www.vintageliving.de

Sehr großer Laden mit Schwerpunkt auf Designklassikern des 20. Jahrhunderts. Erwarten Sie keine Schnäppchenpreise. Dafür sind die Lampen, Möbel und Wohnaccessoires allesamt Originale.

222 **OBJETS TROUVÉS**
   Brunnenstr. 169
   Mitte ①
   0151 7250 4383
   www.objets-trouves-
   berlin.de

Magdalena und Robert bieten ausgewählte und sorgfältig restaurierte antike Möbelstücke an. Ihr Spezialgebiet sind aber Tische, die sie in Handarbeit und speziell auf den Kundenwunsch zugeschnitten aus nachhaltigen Materialien wie Glas, Stahl und Stein anfertigen.

223 **CHAIRS**
   Fehrbelliner Str. 25
   Prenzlauer Berg ③
   030 4435 5723
   www.chairs-
   design.com

Ob der berühmte schwarze Lounge Chair von Eames, die funktionalen Sitzmöbel von Mies van der Rohe oder Arne Jacobsens oranges Ei – hier ist die Chance groß, Design-Ikonen zu entdecken. Auch Lampen, Sofas und Tische. Der Laden am schönen Zionskirchplatz ist hell und etwas chaotisch. Nur nachmittags geöffnet.

224 J&V FINEST INDUSTRIAL VINTAGE FURNITURE
Barbarossastr. 61
Schöneberg ⑦
0163 2907 831
www.jandv.eu

Jools und Vince haben ausschließlich Möbel im Industrial Design im Angebot. Erwarten Sie also keine großen Design-Klassiker – obwohl man auch die französischen Jieldé-Lampen durchaus als solche bezeichnen könnte. Die Besitzer lieben den eigenwilligen Charme von Objekten aus der ehemaligen DDR, denn sie sind Zeugen einer sehr speziellen Epoche.

225 ORIGINAL IN BERLIN
Karl-Marx-Allee 83
Friedrichshain ④
030 6093 6046
www.original
inberlin.com

500 m² voll mit Designermöbeln aus der Mitte des letzten Jahrhunderts in einem fantastischen Gebäude an der Karl-Marx-Allee: Hier bleiben keine Wünsche offen. In diesem Showroom werden nicht nur Vintage-Klassiker präsentiert, sondern auch eine schöne Kollektion zeitgenössischer Wohnaccessoires von Carl Auböck.

5 original
BERLINER BRANDS

---

226 SCHOEMIG PORZELLAN
Raumerstr. 35
Prenzlauer Berg ③
030 6954 5513
www.schoemig-
porzellan.de

Claudia Schoemig hatte mit ihren papierdünnen Porzellanobjekten bereits zehn Preise gewonnen, als sie ihren eigenen Laden eröffnete. Alles wird auf traditionelle Weise und ohne Formen hergestellt. Die meisten Stücke sind so zart und durchscheinend, dass man fast fürchtet, sie zu zerbrechen. Keine Sorge: Porzellan ist so hart, dass all die Schüsseln, Tassen und Vasen problemlos im Alltag bestehen.

227 DREIZWEI BERLIN
Tucholskystr. 26
Mitte ①
030 8862 0080
www.dreizwei
berlin.com

Kombination aus Laden, Manufaktur und Druckwerkstatt. Kunden dürfen bei allen Produktionsschritten zusehen. Gearbeitet wird mit Textilien aus regionaler Verarbeitung. Für die in der Berliner Manufaktur genähten und handbedruckten T-Shirts und Tücher wird z. B. in der Schwäbischen Alb gewebte Baumwolle verwendet. Die Designs sind etwas ungeschliffen, erfrischend innovativ und manchmal verspielt. Alles handgemachte Einzelstücke.

228 **OF/BERLIN**
Nostitzstr. 23
Kreuzberg ③
030 6800 8975
www.ofberlin.com

Kleiner Concept-Store. Die Besitzer Karo, Vesna und Catrin arbeiteten ursprünglich als Interior Designer und eröffneten dann einen Pop-up-Store, in dem sie die Werke talentierter Berliner Handwerker präsentierten. In ihrem ersten dauerhaft geöffneten Geschäft verkaufen sie Einzelstücke der besten Designer und Manufakturen Berlins.

229 **STANDERT BICYCLES**
Invalidenstr. 157
Mitte ①
030 2844 4219
www.standert.de

Der Berliner liebt sein Rad. Standert ist nicht nur ein Fahrradladen mit typisch berlinerischer Kaffeeecke, sondern stellt vor allem selbst Räder her, die fast vollständig aus Stahl bestehen. Dem niederländischen Radmagazin *Soigneur* zufolge einer der besten 25 Radläden der Welt.

230 **FRAU TONIS PARFUM**
Zimmerstr. 13
Kreuzberg ②
030 2021 5310
www.frau-tonis-parfum.com

In Berlin vermutet man nicht unbedingt Parfümhersteller. Zu Unrecht: Im The Different Scent in der Krausnickstraße liegt der Schwerpunkt auf seltenen und originellen kleinen Brands. Bei Frau Tonis werden die Düfte aus hochwertigen, aus Frankreich stammenden ätherischen Ölen selbst hergestellt. Gründerin Stefanie Hanssen ist die Enkelin von »Frau Toni« (Toni Gronewald).

Die 5 coolsten Läden für
VINYL

---

231 MELTING POINT RECORD STORE
Kastanienallee 55
Prenzlauer Berg ③
030 4404 7131

Sehr einfach eingerichteter Laden, in dem sich alles um die Musik dreht – vor allem um House, Disco und Boogie. Fans verbringen hier Stunden auf der Suche nach ihrer Platte.

232 33RPM STORE
Wrangelstr. 95
Kreuzberg ②
www.33rpmstore.com

Der 33rpm Store ist ein kleiner, aber feiner Laden im Café Mukkefukk in Kreuzberg. Hier gibt es alte und neue Platten, der Schwerpunkt liegt aber auf gebrauchtem Vinyl für Sammler. Regelmäßig Live-Konzerte.

233 OYE RECORDS
Oderbergerstr. 4
Prenzlauer Berg ③
030 6664 7821
https://oye-records.com

Einer der größten Läden der Stadt für Vinyl. Riesige Auswahl aus unterschiedlichsten Genres. In-Store-Sessions mit immer großartiger Mischung aus Live-Musik und DJ-Sets. Freier Eintritt.

234 **VINYL-A-GOGO**

Krossener Str. 24
Friedrichshain ④
0174 1749 999
www.vinyl-a-gogo.com

Einer der schönsten Läden rund um den Boxhagener Platz. Schwerpunkt auf Reggae und Hip-Hop, dazu eine Auswahl an kaum bekanntem Krautrock. Schnörkelloser und gutsortierter Laden. Freundlicher Service.

235 **AUDIO-IN**

Libauerstr. 19
Friedrichshain ④
030 4862 2984
www.audio-in.net

In der Nähe des berühmten Techno-Tempels Berghain gelegen, ist dies der richtige Ort, wenn Sie nach gebrauchten Schallplatten mit Drum 'n' Bass, House, Elektro, Techno oder auch Exotischerem wie Italo Disco suchen. Der Besitzer Martin Rieser verkaufte jahrelang Vinyl auf dem Flohmarkt, in seinem Laden bietet er nun über 5000 Titel an. Die Platten sind in gutem Zustand und die Preise erschwinglich.

5 wunderbare
UNABHÄNGIGE BUCHHANDLUNGEN

---

236 **OCELOT**
Brunnenstr. 181
Mitte ①
030 9789 4592
www.ocelot.de

Dieser wunderschöne mit Eichepaneelen ausgestattete Buchladen ist mit der Bezirkszentralbibliothek verbunden. Angeboten werden sorgfältig ausgewählte Kinderbücher und Kunstmagazine. In der Coffeebar lässt es sich bei Kaffee und Kuchen (made by Wunderkuchen) wunderbar schmökern.

237 **ZABRISKIE**
Manteuffelstr. 73
Kreuzberg ②
030 6956 6714
www.zabriskie.de

Charmante Buchhandlung in schöner, ruhiger Umgebung mit deutschen und englischen Büchern. Im Zabriskie gibt es Lesestoff zu Themen abseits des Mainstreams: zu Natur und Kultur, Counterculture oder Drogen, aber auch gute Kinderbücher. Dazu bekommen Sie hier einen wirklich guten Kaffee. Ein echter Geheimtipp.

236 **OCELOT**

239 **BÜCHERBOGEN AM SAVIGNYPLATZ**

238 ANOTHER COUNTRY

Riemannstr. 7
Kreuzberg ②
030 6940 1160
*www.another
country.de*

Einzigartige Buchhandlung mit englischsprachigen Büchern, die Sie nicht nur kaufen, sondern auch leihen können – und die Inhaberin Sophia hat sie vermutlich auch alle gelesen. Lesungen und Schreibwerkstätten, oft in Zusammenarbeit mit The Reader Berlin. Im Keller gibt es eine große Auswahl an Science-Fiction und Fantasy zu entdecken.

239 BÜCHERBOGEN AM SAVIGNYPLATZ

Stadtbahnbogen 593
Charlottenburg ⑨
030 3186 9511
*www.buecherbogen-
shop.de*

Große Kunstbuchhandlung unterhalb der Hochbahn mitten auf dem schönen Savignyplatz. Schwerpunkt auf Kunst, Design, Mode und Fotografie, dazu eine einzigartige Sammlung von Ausstellungskatalogen ab 1945. Der Laden gewann den Deutschen Buchhandlungspreis 2015. Filmabende, Lesungen, Ausstellungen.

240 RAUM B

Wildenbruchstr. 4
Neukölln ⑥
030 9562 8082
www.raumb-berlin.com

Wenn Sie nach französischen, englischen und natürlich deutschen Secondhandbüchern suchen, sind Sie hier genau richtig. Der kleine Laden mit dem großen Schaufenster zieht ein Neuköllner Multikulti-Publikum an. Die Einrichtung im Vintage-Look und der Coffeeshop werden Ihnen garantiert gefallen. Ausstellungen und Workshops.

5 Läden für
UNGEWÖHNLICHE MITBRINGSEL

---

241 ERFINDERLADEN
Lychenerstr. 8
Prenzlauer Berg ③
030 5471 3306
www.erfinderladen-berlin.de

Einer dieser Läden, die man nur per Zufall findet. Entdecken Sie manchmal großartige, manchmal völlig absurde und manchmal einfach nur witzige Erfindungen. Moderate Preise.

242 KISUNA
Große Hamburger Str. 19
Mitte ①
030 4010 5499
www.kisuna.de

Der japanische Name des Ladens *Kisuna* bedeutet »tiefe Verbindung« und steht für das Vorhaben von Eigentümerin Petra, japanische Handwerkskunst nach Deutschland zu holen und so die beiden Nationen einander näherzubringen. Traumhaft schöne Vintage-Kimonos.

243 IMAGEMOVEMENT
Oranienburger Str. 18
Mitte ①
030 3088 19780
www.imagemovement-store.com

Concept-Store mit Filmen über Kunst und von Künstlern. DVDs mit kaum bekannten Avantgarde-, Underground- und Kunst-Filmen, Künstlerporträts und Videokunst. Zweimal im Monat findet im Rahmen der »Moves«-Reihe entweder eine Filmvorführung, ein Konzert oder eine Lesung statt.

244 **BELYZIUM**

Lottumstr. 15
Mitte ①
030 4404 6484
www.belyzium.com

Im Belyzium Berlin wird alles rund um die Schokolade sehr ernst genommen – angefangen bei den Kakaopflanzen über die Verarbeitung der Bio-Kakaobohnen im südlichen Belize und die Verschiffung nach Deutschland bis hin zur Herstellung der Schokolade in Berlin. Alle Produkte sind bio und vegan.

245 **INTERSHOP2000**

Danneckerstr. 8
Friedrichshain ④
0177 3210 014
www.intershop
2000.com

Hier gibt es wirklich Ungewöhnliches zu entdecken! Der Intershop2000 ist möglicherweise eine der besten Adressen in Berlin, um der »Ostalgie« zu frönen. Er ist kleines Museum und Laden in einem, mit jeder Menge Vintage-DDR-Objekten.

244 **BELYZIUM**

Die 5 tollsten Läden für
AKTUELLES DESIGN

---

246 **GEYERSBACH**
Kopenhagener Str. 17
Prenzlauer Berg ③
0176 6416 7571
www.geyersbach.com

Dieser Möbelladen hat Upcycling und Recycling perfektioniert. Aus alten Türen werden Schränkchen und aus alten Böden Tische. Wunderschön, umweltverträglich, einzigartig und mit Liebe gemacht. Katia und Ulf Geyersbach pflegen eine Leidenschaft für altes Kiefernholz, das sie aus verlassenen Häusern retten.

247 **S7-STORE**
Max-Beer-Str. 25
Mitte ①
030 3087 2074
www.siebensachen.com

Siebensachen wurde von Adam+Harborth ins Leben gerufen. Die beiden Produktdesigner gestalten Spiele, Spieldosen und vieles mehr unter ihrem eigenen Namen, arbeiten aber auch mit verschiedenen internationalen Brands zusammen. Zeitlose, einzigartige Designs, hergestellt aus sorgfältig ausgewählten Materialien.

250 **AMODO**

248 **HALLESCHES HAUS**

248 HALLESCHES HAUS

Tempelhofer Ufer 1
Kreuzberg ②
0176 8413 8777
*www.hallesches
haus.com*

Alles in diesem ehemaligen Postamt ist mit größter Sorgfalt ausgewählt. Die meisten Objekte sind veredelte Versionen von Alltagsgegenständen. Vor Kurzem haben die Besitzer dem Sortiment eine Reihe hochwertiger, schön verpackter Lebensmittel hinzugefügt, die auch im Café angeboten werden. Ausgezeichnetes Mittagessen mit täglich wechselnder Karte. Schöner Innenhof.

249 THE DISTRICT SIX STORE

Graefestr. 80
Kreuzberg ②
030 2845 6216
www.districtsix.de

Die Berliner Grafikdesignerin Caroline Adam verbindet in diesem gemütlichen kleinen Concept-Store ihre Liebe zu Südafrika mit ihrer Liebe zum Grafikdesign. Hauptsächlich südafrikanische Fair-Trade-Design-Objekte – von sorgfältig ausgewählten Kunstobjekten bis hin zu Schmuck und sogar Tapeten.

250 AMODO

Linienstr. 150
Mitte ①
030 3116 9474
www.amodoberlin.com

Eine andere Welt. Wunderbare Auswahl an Objekten italienischer und internationaler Designer, darunter isländische Beauty-Produkte und fein gearbeitete Keramik. Die italienische Eigentümerin Marianne betreibt ihren Laden mit einer Leidenschaft, die man heutzutage oft vergeblich sucht.

Die 5 besten Läden für
VINTAGE-KLEIDUNG

251 **MIMI**
Goltzstr. 5
Schöneberg ⑦
030 2363 8438
www.mimi-berlin.de

Der vielleicht beste Vintage-Laden der Stadt. Hinter dem kleinem Schaufenster lagert auf 160 m² eine großartige Auswahl. Die Kleidung, Accessoires und Koffer aus der Zeit zwischen 1800 und 1950 können Sie bei Rico und Mirjam Gresen auch leihen. Schwerpunkt auf Stücken aus den Zwanziger- und Dreißigerjahren à la *Inglourious Basterds* oder Kate Winslet in *Die Vorleserin*.

252 **LET THEM EAT CAKE**
Weserstr. 164
Neukölln ⑥
030 6096 5095
www.letthemeatcake-berlin.tumblr.com

Der Name dieses Vintage-Ladens und Projektraumes im trendigen Neukölln zitiert Marie Antoinettes angeblichen Ausspruch. Erstklassige Auswahl an Secondhand-Kleidung. Nicht gerade billig, aber die tolle Kleidung und die schicke Location sind einen Besuch wert.

253 **HUMANA**

Frankfurter Tor 3
Friedrichshain ④
030 4222 018
www.humana-second-hand.de

Humana ist ein Projekt mit zwölf Berliner Ladenfilialen. Die größte befindet sich in Nähe der U-Bahn-Station Frankfurter Tor in Friedrichshain (U5). Günstige Secondhand-Kleidung auf vier Stockwerken und 2000 m². Der siebte Himmel für Vintage-Fans – oder die Hölle, je nach Auffassung.

254 **CACHE CŒUR**

Schönhauser Allee 174
Prenzlauer Berg ③
030 4435 4962
www.cachecoeur.de

Dieser Laden wirkt immerwährend unfertig, aber Inhaberin Gerlinde macht das mit ihrer Leidenschaft wieder wett. Hochwertige Kleidung (meist aus der zweiten Hälfte des letzten Jahrhunderts und häufig Haute-Couture) in erklassigem Zustand.

255 **GLENCHECK**

Joachim-Friedrich-Str. 34
Wilmersdorf
030 8912 199
www.glencheck-berlin.de

Das ehemalige Westberlin verbindet man nicht unbedingt mit großartigen Boutiquen oder Vintage-Läden. Dennoch gibt es hier eine versteckte Perle, die seit mehr als zwanzig Jahren existiert, betrieben von der immer perfekt im Stil der Vierziger gekleideten Constanze Pelzer. Fantastische Sammlung seltener Vintage-Stücke aus den Zwanzigern bis zu den Fünfzigern.

5 besonders inspirierende
SCHMUCKGESCHÄFTE

256 RENÉ TALMON L'ARMÉE
Linienstr. 109
Mitte ①
030 9559 8446
www.renetalmon
larmee.com

René Talmon arbeitete in Paris für Hermès und andere Häuser, bevor er in der französischen Hauptstadt seinen ersten eigenen Laden eröffnete. 2011 folgte ein weiterer in Berlin. Talmon bevorzugt graue und schwarze Diamanten, oxidiertes Silber und 18- oder 22-karätiges Gold. Die Stücke im Steampunk-Stil sind innovativ und einzigartig.

257 OONA GALERIE
Auguststr. 26
Mitte ①
030 2804 45905
www.oona-galerie.de

Sehr schöner und unkonventioneller Laden im trendigen Berlin-Mitte. Eher eine Galerie für zeitgenössischen Schmuck als bloßes Geschäft. Der Wert der einzelnen Objekte bemisst sich weniger nach dem verwendeten Gold oder den Edelsteinen als vielmehr nach dem künstlerischen Ausdruck. Beeindruckende, helle Räume, die die Arbeiten ganz wunderbar in Szene setzen.

258 MICHAELA BINDER
Gipsstr. 13
Mitte ①
030 2838 4869
www.michaela
binder.de

Das Ladenatelier der freundlichen und hilfsbereiten passionierten Goldschmiedin Michaela Binder lädt zum Streifzug durch eine farbenfrohe Welt ein. Bestseller ist ein Ring bzw. eine Kette aus mehreren farbigen Einzelstücken, die man einzeln kaufen und zusammensetzen kann.

259 QUITE QUIET
Auguststr. 74
Mitte ①
030 2392 7102
www.quite-quiet.com

Tolle Boutique in der ruhigen Auguststraße. Quite Quiet wurde Ende 2016 von der Goldschmiedin Johanna Schoemaker und Jonas Buck gegründet. Hier gehen Handwerk, neueste Technologien, Ästhetik und Nachhaltigkeit Hand in Hand. Geschmackvoller Schmuck, besonders schön ist die fein gewebte Golddrahtkollektion.

260 TUKADU
Rosenthaler Str. 46
Mitte ①
030 2836 770
www.tukadu.com

Tukadu ist anders als alle anderen Schmuckläden. Eine Riesenauswahl an Perlen, Plastiktierchen, minikleiner Kleidung, Metallplättchen, Bändchen und Pompoms, alles nach Farben sortiert. Stellen Sie sich hier eine ausgefallene Eigenkreation zusammen oder schnappen Sie sich eine fertige. Es verschlägt viele Touristen von den nahen Hackeschen Höfen hierher, deswegen am besten vormittags vorbeischauen.

5 Adressen für exklusive
FASHION FÜR FRAUEN

---

261 TO.MTO
Torstr. 22
Mitte ①
030 9700 4733
www.tomto.de

Hinter TO.mTO steht die passionierte Korsett-Designerin Tonia Merz, in deren Kreationen Fetisch auf Fashion trifft. Jedes Stück wird in Handarbeit in ihrer Berliner Werkstatt hergestellt – was sich natürlich im Preis niederschlägt. Hier kaufen Berlins Burlesque-Tänzerinnen ein!

262 REDCAT 7
Revaler Str. 16/I
Friedrichshain ④
0173 2468 920
www.redcat7.de

Die Idee zu Redcat 7 stammt von dem Berliner Designer Sammy the Scissors. Inspiriert wurde er von Burlesque-Mode, der verrückten Weimarer Zeit und den heißen Pin-up-Girls der Fünfziger. Spezialanfertigung? Kein Problem. Das ist Berlin!

263 APARTMENT BERLIN
Memhardstr. 8
Mitte ①
030 2804 2251
www.apartment berlin.de

Eine Treppe führt hinunter in das leicht düstere Reich minimalistischer, urbaner Mode, unter anderem von Rick Owens, Cheap Monday, Vladimir Karaleev und Augustin Teboul. Dazu ausgewählte Accessoires.

264 DSTM

Torstr. 161
Mitte ①
030 4920 3750
www.dstm.co

DSTM heißt das Label der kanadischen Designerin Jen Gilpin: Hier ist alles schwarz und skulptural, hat einen deutlichen Standpunkt und hohen Wiedererkennungswert. Gilpin liebt den Kontrast zwischen Weich und Hart und arbeitet nur mit umweltverträglichen, hochwertigen Materialien. Einzigartige Ready-to-Wear-Kleidung, die sich nicht immer von Unterwäsche unterscheiden lässt. Sexy, elegant und ein bisschen provokant.

265 ISABEL VOLLRATH

Linienstr. 149
Mitte ①
030 5034 7280
www.isabel
vollrath.com

Isabel Vollrath ist eine junge Mode- und Kostümdesignerin, die unter anderem für das Maxim Gorki Theater und die Tanzkompanie Sasha Waltz & Guests gearbeitet hat. In ihrer eigenen Kollektion I'VR präsentiert sie dramatische, poetische und alles andere als gewöhnliche Kleidung. Besuchen Sie sie in ihrem Atelierladen, geöffnet montags bis samstags von 13 bis 18 Uhr oder nach Voranmeldung.

Die 5 besten Adressen für HERRENKLEIDUNG

266 **EGON BRANDSTETTER**
Chausseestr. 52
Mitte ①
030 9561 8383
*www.egon
brandstetter.de*

Exzellenter Schneider, der wirklich auf die Wünsche seiner Kunden eingeht. Seine Maßanzüge werden direkt im Atelier handgefertigt. Diese Exklusivität hat ihren Preis, aber dafür haben Sie auch ein Leben lang Freude an Ihrem Anzug.

267 **TRÜFFELSCHWEIN BERLIN**
Rosa-Luxemburg-Str. 21
Mitte ①
030 7022 1225
www.trueffelschwein berlin.com

Nette Alternative zu den oft totgehypten Menswear-Läden Berlins mit einer tollen Auswahl kleinerer Labels sowie etablierter Marken wie Hansen oder Superga. Der Shop selbst hat eine ganz eigene Ästhetik. Individuelle, erstklassige Beratung.

268 **DARKLANDS**
Heidestr. 46–52
Mitte ①
www.darklands berlin.com

Außergewöhnliche Location – noch besser kann man ein Geschäft eigentlich nicht verstecken. Für Männer, die echte Handwerkskunst und hochwertige Materialien ebenso schätzen wie Minimalismus und Unterstatement – und bereit sind, dafür etwas tiefer in die Tasche zu greifen.

269 **STEREOKI**
Gabriel-Max-Str. 18
Friedrichshain ④
030 5379 4667
www.stereoki.com

Ansprechender Mix aus großen Marken und kleinen Labels. Hier kann man sich von Kopf bis Fuß mit weniger bekannten Brands wie Libertine und Six Pack France oder Topsellern von New Balance oder dem (ökologisch korrekten) Nudie Jeans ausstatten.

270 **FEIN UND RIPP**
Kastanienallee 91
Prenzlauer Berg ③
030 4403 3250
www.feinundripp.de

Eines Tages entdeckte ein Vater mit seinen beiden Söhnen in einer Fabrik bei Stuttgart einen riesigen Berg von Hemden, Unterhemden und anderer Männerbekleidung aus den Zwanzigern bis zu den Achtzigern. Um ihren Fund an den Mann zu bringen, eröffneten sie einen Laden. Heute werden dort nur wenige Marken wie Schiesser (Unterwäsche) oder Trabert (Arbeitsstiefel) angeboten, die für höchste Langlebigkeit stehen.

268 **DARKLANDS**

Die 5 coolsten Läden für **SNEAKER** *und* **SCHUHE**

---

271 **STICKABUSH**
Gipsstr. 23
Mitte ①
030 2021 5445
www.stickabush.de

Dieser kleine Laden ist immer am Puls der Zeit, wenn es um die neuesten und angesagtesten Sneaker geht. Außerdem Caps, Beanies und andere coole Accessoires von Brands wie Carhartt, Ransom, Converse, New Balance, Herschel oder Stüssy.

272 **AEYDE**
Strausberger Platz 19
Friedrichshain ④
030 9153 3499
www.aeyde.com

Zeitlose, ausschließlich in Italien von Hand gefertigte Schuhe. Da Aeyde direkt beim Hersteller einkauft, bekommt man viel fürs Geld – beispielsweise Slingback-Sandalen aus Nappaleder mit Heels für unter 200 Euro.

273 **NICE! URBAN FOOTWEAR**
Weserstr. 213
Neukölln ⑥
030 6521 3930
www.nicefootwear.de

Sonniger Independentladen mit urbanem Footwear nicht weit vom hektischen Hermannplatz. Der freundliche Inhaber versteht sein Geschäft. Tolle Auswahl an veganen Sneakern.

274 **SOLEBOX**
Nürnberger Str. 14
Charlottenburg ⑨
030 9120 6690
www.solebox.com

Man munkelt, dass dieses kleine Geschäft weltweit eine der besten Adressen für Sneaker ist – was nicht zuletzt an der Zusammenarbeit mit vielen großen Marken liegt. Bestimmte Modelle, z. B. aus der Converse Modern Collection, gibt es ausschließlich hier.

275 **ZEHA BERLIN**
Prenzlauer Allee 214
Prenzlauer Berg ③
030 4401 7214
www.zeha-berlin.de

In den Sechzigerjahren trug jeder in der DDR Zeha-Turnschuhe. Die Marke überlebte den Mauerfall zwar nicht, wurde aber 2002 mit Riesenerfolg neu aufgelegt. Alle lieben diesen Retro-Look!

273 **NICE! URBAN FOOTWEAR**

5 heiße
SEXSHOPS

---

276 **SCHWARZER REITER**
Torstr. 3
Mitte ①
030 4503 4438
www.schwarzer-reiter.com

Nicht der allerbilligste, aber vielleicht einer der am schönsten eingerichteten Sexshops. Hier finden Sie einen Auswahl an luxuriösem erotischem Spielzeug, von Latexkleidern bis Glasdildos. Die Eigentümerin Sabine Schwarz ist auch die Designerin hinter der erotischen Kleidung und den Accessoires von Schwarzer Reiter Black Label.

277 **GORGEOUS**
Schönhauser Allee 130
Prenzlauer Berg ③
030 2520 4848
www.gorgeous-berlin.de

Gorgeous ist ein sympathischer, lustiger Sexshop mit einladender Atmosphäre. Wenn Sie auf der Suche nach einem etwas ausgefalleneren Souvenir aus Berlin sind, ist dieser Spielzeugladen für Erwachsene genau das Richtige! Geöffnet von 11 bis 18 Uhr.

278 **OTHER NATURE**
Mehringdamm 79
Kreuzberg ②
030 2091 5887
www.other-nature.de

Das ist Berlin: Dieser alternative Sexladen ist queer-friendly, vegan (kein Leder, kein Glyzerin), umweltfreundlich (keine Parabene) und feministisch. Interessante Sammlung von Büchern über Lust und Sexualität.

279 **MISTER B**
Motzstr. 22
Schöneberg ⑦
030 2199 7704
www.misterb.com

Mister B eröffnete 1994 seinen ersten schwulen Fetischladen in Amsterdam. Riesige Auswahl an Lederwaren, dazu können Sie sich hier Lederklamotten ganz nach Ihren Wünschen und Bedürfnissen maßschneidern lassen. Sehr nettes und hilfsbereites Personal.

280 **HAUTNAH BERLIN**
Uhlandstr. 170
Charlottenburg ⑨
030 8823 434
www.hautnahberlin.de

Extravagante erotische und Fetischkleidung in Lack, Latex und Leder auf drei Etagen mit riesiger Auswahl. Einzigartiges Highlight ist der nach Marquis de Sade benannte Weinkeller. Wenn Sie auf der Suche nach dem richtigen Outfit für einen Abend im KitKatClub oder im Insomnia sind, dann sind Sie hier genau richtig.

278 OTHER NATURE

5 Einkaufsviertel, DIE KAUM JEMAND KENNT

---

281 **RUND UM DIE MULACKSTRASSE**
Mitte ①

Diese Nebenstraße der Alten Schönhauserstraße ist ein Paradies für Freunde von Avantgarde-Design und kleinen Boutiquen. Die wunderschöne Kollektion von Objekten internationaler und regionaler Designer und Künstler bei Butterflysoulfire ist zum Verlieben. Shoppingmüde? Dann auf zum Mittagessen bei Oishii Hot Dog (siehe Hidden Secret 15).

282 **RUND UM DIE WÜHLISCHSTRASSE**
Friedrichshain ④

Der junge, funky Bezirk Friedrichshain ist zwar nicht so schick wie Prenzlauer Berg oder Mitte, aber auf jeden Fall einen Besuch wert. Er hat ein paar richtig coole Läden zu bieten – wenn man weiß, wo. Perfekte Geschenke gibt es bei Stadtengel, lecker Brunch und Cocktails in der alten Turnhalle (Wühlischplatz).

281 MULACKSTRASSE

284 SUAREZSTRASSE

283 **RUND UM DIE GOLTZSTRASSE**
Schöneberg ⑦

In dieser Seitenstraße des Winterfeldplatzes gibt es coole, stylische Läden wie Down by Retro und angesagte Bars. Haben Sie Hunger? Im Gottlob (Ecke Akazienstraße) gibt es leckeres Essen. Oder Sie lassen sich in der Retro-Bar Sorgenfrei in einer ehemaligen Fleischerei einen Kaffee in einer Fünfzigerjahretasse servieren.

284 **SUAREZSTRASSE**
Charlottenburg ⑨

Über dreißig Antiquitätengeschäfte, dazu Vintage-Möbel und -Kleidung – der Himmel für alle, die Altes lieben. Hier findet am ersten Samstag im September das Straßenfest Antikmeile statt, das jedes Jahr mehr als 30 000 Besucher zählt. Im Engelbecken an der Ecke Kantstraße gibt es wunderbare gutbürgerliche Küche.

285 **DUNCKERSTRASSE**
Prenzlauer Berg ③

Mitten im vielen Grün des Prenzlauer Berges gibt es Hunderte Bars, Restaurants und Läden, dazu Oasen der Ruhe (z. B. der jüdische Friedhof an der Schönhauser Allee). Rund um die Dunckerstraße ist es besonders schön. Hier finden sie mit der Bekarei auch eine der besten Bäckereien der Stadt.

5
EINZIGARTIGE
Geschäfte

---

286 **BLUMENCAFÉ**
Schönhauser
Allee 127a
Prenzlauer Berg ③
030 4473 4226
www.blumencafe-
berlin.de

Hier sieht es aus wie im Wintergarten Ihrer alten, etwas exzentrischen Tante. Eine eigene, grüne Welt mitten in der Stadt. Blumenladen und Café, in dem ein richtig gutes Frühstück serviert wird. Außerdem wohnen hier Hauskater Erwin III. sowie die Papageien Arno und Charly. 365 Tage im Jahr geöffnet.

287 **BÜRSTEN-SCHRÖDER**
Heimstr. 22
Kreuzberg ②
0173 6056 202
www.buersten
schroeder1866.de

Besen und Bürsten aus eigener Herstellung. Die Bürstenmacherei, die hier im 19. Jahrhundert ihr Geschäft hatte, war berühmt für die Erfindung der sogenannte Analbürste. Erhältlich sind die Schröder-Bürsten sowie alltäglichere Bürsten auch bei DIM 26 in der Oranienstraße 26.

288 **KUBORAUM**

Köpenicker Str. 96
Mitte ⓣ
030 2236 75499
www.kuboraum.com

Beeindruckender Flagship-Store in einem ehemaligen Postamt. Kuboraum macht »Masken, die auf das Gesicht des Trägers gezeichnet werden, seine Persönlichkeit betonen und seinen Charakter herausstellen« – also Sonnenbrillen. Alle Modelle werden in Zusammenarbeit mit japanischen Designern in Berlin entworfen und in Italien handgefertigt.

289 **TRÈS BONJOUR**

Torstr. 3
Mitte ⓣ
030 2280 3180
www.tresbonjour.com/ boutique

Direkt zwischen dem exklusiven Soho House Berlin und dem stylischen Sexshop Schwarzer Reiter (siehe Hidden Secret 276). Die wunderhübsch designten Höschen, Accessoires und BHs aus Latex sind alles andere als vulgär – Latex couture eben.

290 **ABSINTH DEPOT**

Weinmeisterstr. 4
Mitte ⓣ
030 2816 789
www.erstesabsinth depotberlin.de

Über 100 verschiedene Sorten der hochprozentigen »grünen Fee«. An der goldenen Lamétapete hängen Reklameplakate vergangener Zeiten, die Sorgenfreiheit versprechen. Der Inhaber Michael Schöll stellt Ihnen gerne verschiedene Absinthe samt ihrer Geschichte und ihren besonderen Vorzügen vor.

60 ORTE, WO SIE DAS WAHRE BERLIN FINDEN

Die 5 schönsten **BRÜCKEN** — 160

5 typische **BERLINER PARKS** — 163

Die 5 besten **FLOHMÄRKTE** — 166

5 **FILME**, *die nach 1989 und komplett in Berlin gedreht wurden* — 168

5 Orte, an denen die **DDR** *noch spürbar ist* — 170

5 Ort mit großartiger **STREET-ART** — 172

5 besonders beeindruckende **MONUMENTE** — 174

Die 5 besten **COWORKING SPACES** — 177

5 ganz besondere **STADTFÜHRUNGEN** — 179

5 Orte, an denen die **BERLINER MAUER** *noch sichtbar ist* — 181

5 kaum bekannte **INNENHÖFE** — 184

5 spannende **TATTOO-KÜNSTLER** — 186

Die 5 schönsten
BRÜCKEN

---

291 **OBERBAUMBRÜCKE**
Friedrichshain & Kreuzberg ②

Berlin hat mehr Brücken als Venedig – 950, um genau zu sein. Eine der schönsten ist die Oberbaumbrücke (1895 im Stil der Norddeutschen Backsteingotik erbaut), die das ehemalige West- und Ostberlin miteinander verbindet. Nach dem Mauerfall wurde sie in alter Pracht restauriert. Nur der Mittelteil aus Stahl ist neu.

292 **GLIENICKER BRÜCKE**
Steglitz-Zehlendorf & Potsdam

Diese kleine Brücke über die Havel verbindet den Berliner Ortsteil Wannsee mit der brandenburgischen Hauptstadt Potsdam. Hier wurden im Kalten Krieg Spione ausgetauscht – daher spielt die Brücke auch eine Hauptrolle im Film *Bridge of Spies* von Steven Spielberg.

294 **ADMIRALBRÜCKE**

293 **MONBIJOU-BRÜCKE**

291 **OBERBAUMBRÜCKE**

293 **DIE BRÜCKEN DER MUSEUMSINSEL**
Mitte ①

Die Museumsinsel, ein Hort der Wissenschaft und Kunst. Ihre fünf Museen wurden zwischen 1824 und 1930 erbaut und gehören zum UNESCO-Weltkulturerbe. Zugänglich sind sie über mehrere Brücken: am schönsten sind die von Schinkel entworfene Schlossbrücke und die Monbijoubrücke im Norden.

294 **ADMIRALBRÜCKE**
Kreuzberg ②

Diese Brücke über den Landwehrkanal besitzt Pariser Atmosphäre und ist an warmen Sommerabenden nicht nur für Berliner, sondern auch für Touristen Schauplatz zahlloser Großstadtromanzen. Berühmt für Spontanpartys und Straßenmusiker.

295 **MODERSOHNBRÜCKE**
Friedrichshain ③

Ganz anders als die bisher erwähnten Brücken: Rostiger Stahl und eine aus (zu) vielen Baukränen bestehende Skyline erinnern daran, dass Berlin immer noch eine riesige Baustelle ist. Bei Sonnenuntergang Treffpunkt für junge Leute, die hier bei einem Bier die Aussicht genießen.

5 typische
BERLINER PARKS

---

296 VIKTORIAPARK
Kreuzbergstraße
Kreuzberg ②

Ehemaliger Weinberg und außerdem der Park mit dem höchsten Hügel in Berlin: 66 Höhenmeter! Wer den Aufstieg auf sich nimmt, wir mit dem von Schinkel entworfenen Nationaldenkmal und einer fantastischen Aussicht belohnt. Im Sommer entspringt zu Füßen des Denkmals ein Wasserfall.

297 GÄRTEN DER WELT
Eisenacher Str. 99
Marzahn
030 7009 06699
www.gruen-berlin.de/gaerten-der-welt

1987 der Hauptstadt der DDR als Geschenk der Gärtner überreicht. Beeindruckender Park mit einem chinesischen, japanischen und italienischen Garten sowie einem gepflasterten Labyrinth. Im Rahmen einer traditionellen chinesischen Teezeremonie erhält man eine Einführung in die philosophischen, spirituellen und ästhetischen Qualitäten einer Tasse *chá*.

297 GÄRTEN DER WELT

296 VIKTORIAPARK

299 JÜDISCHER FRIEDHOF BERLIN-WEISSENSEE

298 **NATUR-PARK SÜDGELÄNDE**

Prellerweg 47–49
Schöneberg ⑦
030 7009 0624
www.gruen-berlin.
de/natur-park-
suedgelaende

Ein vor fünfzig Jahren zu einem kleinen Park umfunktioniertes Eisenbahngelände. Dieser junge Park ist hochinteressant, nicht zuletzt wegen seiner Mischung aus wilder Natur und alter Industriearchitektur, wie dem Wasserturm oder der bei Künstlern beliebten Lokhalle. Lokal nur im Sommer geöffnet.

299 **JÜDISCHER FRIEDHOF BERLIN-WEISSENSEE**

Herbert-Baum-Str. 45
Weißensee
030 9253 330
www.jewish-cemetery-
weissensee.org

Aus den vielen jüdischen Friedhöfen in Berlin sticht dieser nicht zuletzt wegen seiner Fläche von 42 Hektar heraus. Mit seinen 115 000 Gräbern ist er der größte jüdische Friedhof Europas und kulturell und historisch einzigartig. Der vollständig erhaltene Belegungsplan stellt ein wertvolles Dokument zur Geschichte der jüdischen Gemeinde Berlins dar.

300 **SCHLOSSGARTEN CHARLOTTENBURG**

Spandauer Damm
Charlottenburg ⑨
033 1969 4200
www.spsg.de/
schloesser-gaerten/
objekt/schlossgarten-
charlottenburg

1697 als erster Barockgarten Deutschlands angelegt. Verbinden Sie bei einem Spaziergang durch die 55 Hektar die Betrachtung bezaubernder historischer Gartenarchitektur mit einem Schlossbesuch. Gegenüber des Schlosses befindet sich das Bröhan-Museum für Jugendstil und Art déco und das bedeutende Museum Berggrün mit Kunst der klassischen Moderne.

Die 5 besten
FLOHMÄRKTE

---

301 ANTIK- UND BUCHMARKT AM BODE-MUSEUM
Am Kupfergraben 1
Mitte ①
0171 7101 662
*www.antik-
buchmarkt.de*

Egal zu welcher Jahreszeit, es ist immer ein Vergnügen, durch den Kupfergraben zu schlendern und nach Schnäppchen Ausschau zu halten. Fangen Sie am Bode-Museum an und arbeiten Sie sich zu Unter den Linden vor. Auf Höhe der Humboldt-Universität wird das Angebot internationaler und wissenschaftlicher. Samstags und sonntags 10 bis 17 Uhr.

302 MAUERPARK
Prenzlauer Berg ③
*www.mauerpark
markt.de*

Schnäppchen sind auf diesem jungen, internationalen Flohmarkt mit hoher Hipsterdichte nur schwer zu finden, dafür sind die stadtbekannten Karaoke- und Imbissbuden sowie die Straßenmusiker immer einen Besuch wert.

303 TRÖDELMARKT ARKONAPLATZ
Prenzlauer Berg ③
0171 7101 662
*www.troedelmarkt-
arkonaplatz.de*

Im Schatten der Bäume wartet eine große Auswahl an Büchern, alten Stereoanlagen, Bakelittelefonen und Vintage-Möbeln auf Käufer. Jeden Sonntag von 10 bis 18 Uhr. Tolles Frühstück im Café Der Neue Weltempfänger.

304 FLOHMARKT AM LEOPOLDPLATZ
SAMSTAGS, 9 – 13 UHR
Wedding ⑩

Ein eher unbekannter Flohmarkt vor der Alten Nazarethkirche auf dem Leopoldplatz. Multikulti, authentisch und bekannt für das riesige und bunte Angebot an Krimskrams. Für einen Brunch in der Nähe ist das Tassenkuchen oder das Schraders zu empfehlen.

305 NOWKOELLN FLOWMARKT
Maybachufer 31
Kreuzberg ②
www.nowkoelln.de

Jeden zweiten Sonntag im September findet am idyllischen Maybachufer der Nowkölln Flowmarkt statt, mit privatem Secondhandmarkt, Kunst, Musik und echter Handarbeit.

301 ANTIK- UND BUCHMARKT

305 NOWKOELLN FLOWMARKT

5 FILME,
die nach 1989 und komplett in Berlin gedreht wurden

---

306 **LOLA RENNT**
TOM TYKWER, 1998
Mit Franka Potente und Moritz Bleibtreu

In dem Actionthriller rennt die rothaarige Lola (Franka Potente) gegen die Zeit durch Berlin, um 100 000 Mark zusammenzubekommen und so ihren Freund Manni (Moritz Bleibtreu) zu retten, der eine Geldübergabe verpatzt hat. Das Ergebnis von Lolas Bemühungen ist in drei Szenarien komplett unterschiedlich, da sich im Verlauf jeweils ein kleines Detail zufällig ändert. Wunderbare Bilder von der Oberbaumbrücke.

307 **GOOD BYE, LENIN!**
WOLFGANG BECKER, 2003
Mit Daniel Brühl und Katrin Sass

In diesem Wohlfühlfilm geht es um das Ende des Kommunismus in Berlin und den Fall der Mauer aus der Sicht von Alex, der seine Mutter von den Veränderungen fernhalten will. Sie hat die Wende im Koma liegend »verschlafen«, und um ihre fragile Gesundheit nicht zu gefähren, darf sie nicht erfahren, dass ihre geliebte DDR nicht mehr existiert.

308 **DAS LEBEN DER ANDEREN**
FLORIAN HENCKEL VON DONNERSMARCK, 2006
Mit Ulrich Mühe und Martina Gedeck

Dieser Politthriller spielt im Ostberlin der Zeit von 1984 – fünf Jahre vor dem Ende des Kommunismus in Europa – bis 1991. Er verfolgt die voranschreitende Desillusionierung des Stasimitarbeiters Gerd Wiesle, der für Ostdeutschlands allmächtige Geheimpolizei ein Promipärchen ausspionieren soll.

309 **OH BOY**
JAN-OLE GERSTER, 2012
Mit Tom Schilling und Friederike Kempter

Tragikomödie und selbstironisches Porträt eines jungen Mannes, der die Uni schmeißt, sich in den Straßen Berlins herumtreibt und dabei seinen Platz im Leben nicht findet. Spannende Mischung aus schwarzer Komödie und fesselnder Erzählung vor Berliner Kulisse. Der in Schwarz-Weiß gedrehte Film hat etwas von Nouvelle Vague.

310 **VICTORIA**
SEBASTIAN SCHIPPER, 2015
Mit Laia Costa und Frederick Lau

Der Film erzählt die Geschichte der Austauschschülerin Victoria (Laia Costa), deren neue Berliner Bekannte sich als Kriminelle entpuppen. Er wurde am 27. April 2014 zwischen 4.30 und 7 Uhr früh in Berlin in einer einzigen Einstellung mit kleiner Besetzung und Filmcrew gedreht. Fantastischer Soundtrack von Nils Frahm.

5 Orte, an denen die
D D R *noch spürbar ist*

---

311 **ZENTRALFRIEDHOF FRIEDRICHSFELDE**
(Gedenkstätte der Sozialisten)
Gudrunstr. 20
Lichtenberg
030 9029 64224
www.sozialisten friedhof.de

1919 wurden auf diesem Friedhof Karl Liebknecht und Rosa Luxemburg begraben. 1951 erbaute die Regierung der noch jungen DDR die Gedenkstätte der Sozialisten und nutzte den Zentralfriedhof für Staatsbegräbnisse. Außerdem Gräber von Berühmtheiten aus der Zeit vor der DDR, z. B. von der Künstlerin Käthe Kollwitz. Das Grab von Erich Mielke, Leiter des Ministeriums für Staatssicherheit, wurde absichtlich unbezeichnet belassen.

312 **STASIMUSEUM**
Ruschestr. 103
Lichtenberg
030 5536 854
www.stasimuseum.de

Das Stasimuseum befindet sich im ehemaligen Hauptquartier des DDR-Ministeriums für Staatssicherheit. Die Hauptattraktion ist das im Originalzustand belassene Büro des Stasi-Chefs Erich Mielke. Die ständige Ausstellung »Staatssicherheit in der SED-Diktatur« zeigt Entstehung, Funktion und Methoden der Staatssicherheit.

313 **TRÄNENPALAST**
   Reichstagufer 17
   Mitte ①
   030 4677 7790
   www.hdg.de/berlin/
   traenenpalast

Wer aus der DDR nach Westberlin ausreiste, wurde hier abgefertigt – und musste sich dabei oft unter Tränen von den in der DDR Zurückbleibenden verabschieden. In dem heute hier untergebrachten Museum werden die Rolle des Grenzübergangs und die komplizierten politischen Verhältnisse der Zeit erklärt. Eintritt frei.

314 **FERNSEHTURM**
   Alexanderplatz
   Panoramastr. 1a
   Mitte ①
   www.tv-turm.de

Die DDR-Regierung ließ den 368 Meter hohen Fernsehturm in den späten Sechzigerjahren erbauen. Er sollte die technische Überlegenheit sozialistischer Gesellschaften demonstrieren. Heute ist er ein Symbol der Einheit und Berlins markanteste Sehenswürdigkeit. Besucherplattform und Restaurant.

315 **KARL-MARX-ALLEE**
   Mitte ① /
   Friedrichshain ④

Die Bebauung der früheren Stalinallee stammt noch aus der Zeit des Wiederaufbaus im sowjetisch verwalteten Ostteil der Stadt. Sie sollte die sozialistischen Ideale des »Neuen Deutschlands« verkörpern. Die meisten der im Stil des Sozialistischen Klassizismus (»Zuckerbäckerstil«) errichteten Bauten stehen heute unter Denkmalschutz. Vergessen Sie nicht, der Karl-Marx-Buchhandlung, Hausnummer 78, einen Besuch abzustatten (solange es sie noch gibt).

5 Orte mit großartiger
STREET-ART

316 **RAW-GELÄNDE**
**Entlang der Revalerstraße
Friedrichshain ④**

Das einstige Reichsbahnausbesserungswerk ist eine der letzten Subkultur-Oasen der Innenstadt. Auf dem mit Graffiti überzogenen Gelände gibt es Clubs (einen sogar mit Pool), Bars, eine Skatehalle, einen Flohmarkt und einen ehemaligen Bunker, der als Kletterhalle genutzt wird.

317 **KREUZBERG**
**Gesamtes Stadtviertel
Kreuzberg ②**

Kreuzberg war stets das Zentrum der alternativen Szene Berlins. Deswegen findet sich hier jede Menge politischer Street-Art. Highlight sind die riesigen Bilder auf den Brandwänden. Z.B. *Take the Spaceman*: Das Werk von Victor Ash gehört zu den größten mit einem Stencil geschaffenen Graffitis der Welt.

318 **HAUS SCHWARZENBERG**
**Rosenthaler Str. 39
Mitte ①
030 3087 2573
*www.hausschwarzenberg.org***

Das im Nachkriegszustand erhaltene Haus Schwarzenberg beherbergt Geschäfte, einen Club, ein Kino und zwei Museen. Für Street-Art-Fans ist es vor allem wegen der fantastischen Werke von Größen wie D Screet, Jimmy C oder El Bocho interessant.

319 **TAGESZEITUNG (TAZ)**
»Friede sei mit Dir«
Rudi-Dutschke-
Str. 23
Kreuzberg ②

Kai Diekmann, der konservative ehemalige Chefredakteur der *Bild*, verklagte die linke *TAZ*, nachdem diese satirisch über dessen angebliche Penisvergrößerung-OP berichtet hatte – die schiefgegangen sei und Diekmann kastriert habe. Diekmann verlor und die TAZ brachte an ihrem Geschäftsgebäude – direkt gegenüber von dem der *Bild* – eine Diekmann-Plastik mit einem 6 Meter langen Penis an.

320 **EAST SIDE GALLERY**
Mühlenstraße
Friedrichshain ④

Nach der Wende bemalten mehr als 150 Künstler diesen Abschnitt der Berliner Mauer. Besonders berühmt ist das Bild *Kiss of Death*, das den sowjetischen Premier Breschnew beim innigen Bruderkuss mit Honecker zeigt.

317 **KREUZBERG**

316 **RAW-GELÄNDE**

5
besonders beeindruckende
MONUMENTE

---

321 SOWJETISCHES EHRENMAL
Treptower Park
Puschkinallee
Alt-Treptow ⑤

Spuren der Vergangenheit finden sich überall in Berlin. Dies ist mit seinen beeindruckenden 100 000 m² das größte der drei militärischen Denkmäler für die Millionen im Zweiten Weltkrieg getöteten sowjetischen Soldaten. Es liegt im wunderschönen Treptower Park.

322 GEDENKSTÄTTE DEUTSCHER WIDERSTAND
Stauffenbergstr. 13–14
Tiergarten ⑧
030 2699 5000
www.gdw-berlin.de

Gedenkstätte in dem Haus, in dem Hitler seine Rede zum »Lebensraum« hielt. Der Hof ist der Erinnerung an die Offiziere gewidmet, die das nationalsozialistische Regime stürzen wollten und hier in der Nacht zum 20. Juli 1944 hingerichtet wurden.

323 DENKMAL FÜR DIE ERMORDETEN SINTI UND ROMA
Simsonweg
Tiergarten ⑧
030 2639 430

Der Tiergarten, einst königliches Jagdrevier, ist der größte Park Berlins. Er beherbergt die eindrucksvolle, nüchterne Gedenkstätte zur Erinnerung an die 200 000 bis 500 000 Ermordeten des *Porajmos* – des Nazi-Genozids an den Sinti und Roma.

321 SOWJETISCHES EHRENMAL

322 GEDENKSTÄTTE DEUTSCHER WIDERSTAND

323 DENKMAL FÜR DIE ERMORDETEN SINTI UND ROMA

324 »LARGE DIVIDED OVAL: BUTTERFLY«, HENRY MOORE

John-Foster-Dulles-Allee 10
Mitte ①
030 3978 7175
www.hkw.de

Besucher des Hauses der Kulturen der Welt kommen auch an Henry Moores letzter Plastik aus dem Jahr 1987 vorbei: einem riesigen Schmetterling, der über 8 Tonnen wiegt und doch schwerelos über der Oberfläche des Beckens zu schweben scheint.

325 VIKTORIA/GOLDELSE

Auf der Siegessäule
Großer Stern
Tiergarten ⑧

Diese 8,3 Meter hohe und 35 Tonnen schwere vergoldete Frauenfigur auf der Siegessäule inmitten des Tiergartens stammt von Friedrich Drake. Die barfüßige, geflügelte Viktoria, Göttin des Sieges, ist auch als »Goldelse« bekannt.

324 »LARGE DIVIDED OVAL: BUTTERFLY«, HENRY MOORE

Die 5 besten
COWORKING SPACES

---

326 **BETAHAUS**
Prinzessinnen-
str. 19-20
Kreuzberg ②
030 6098 09270
www.betahaus.com

In dieser Stadt, in der die meisten Menschen in kleinen Wohnungen leben, ist Coworking sehr beliebt. Das Betahaus ist Berlins bekanntester Coworking Space – und wohl der größte Europas. Er bewahrt sich die Atmosphäre eines coolen, geselligen Clubs, in dem abends hippe Events stattfinden.

327 **ESDIP BERLIN**
Grünberger Str. 48b
Friedrichshain ④
www.esdipberlin.com

Kleiner (320 m²), entspannter Coworking Space und idealer Treffpunkt für Künstler, um zu arbeiten, sich weiterzubilden und sich auszutauschen. Workshops, Veranstaltungen und Kurse (Zeichenkurse!) bieten reichlich Gelegenheit, sich mit Gleichgesinnten zu vernetzen.

328 **AGORA**
Mittelweg 50
Neukölln ⑥
030 9954 8264
www.agora
collective.org

Angesagter Neuköllner Coworking Space, bezeichnet sich selbst als »Zentrum für zeitgenössische Praktiken«. Mischung aus Coworking, Atelier und Plattform für Projekte. Einmal im Monat öffnet die von Künstlern betriebene Babes Bar mit Performances, Lesungen und vielem mehr.

329 **UNICORN**

Brunnenstr. 173
Mitte ①
030 2148 0660
www.unicorn.berlin

Nirgends ist Coworking hipper. Unicorn bietet hochwertige, umweltfreundliche Arbeitsplätze und ein fantastisches Café. Hier ist alles vegan, bio und wenn möglich aus der Region. Lieferung nach Hause möglich. Bescheidener Rahmen. Zwei Standorte – in Mitte und im Wedding – in derselben Straße (Standort Wedding unter Hausnummer 64).

330 **AHOY! BERLIN**

Wattstr. 11
Charlottenburg ⑨
030 2084 9740
www.ahoyberlin.com

Ahoy! ist eine riesige, luftige und helle, 4500 m² große Fläche, die dem Berliner Westen etwas mehr dringend benötigte Coolness verschafft hat. Als Bonus können Sie hier in der Pause bei Billard und Tischtennis sowie am Boxsack entspannen.

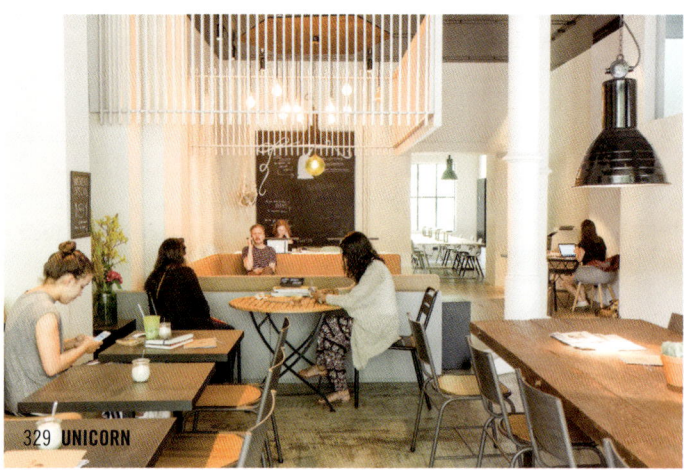

329 UNICORN

5 ganz besondere
STADTFÜHRUNGEN

---

331 SACHSENHAUSEN
0151 4011 2203
www.finn-ballard-tours.com

Sachsenhausen war das erste Konzentrationslager in Deutschland. Bis zu seiner Befreiung im April 1945 waren dort rund 200 000 Menschen inhaftiert. Spezialist auf dem Gebiet ist der Historiker und Führer Finn Ballard, der Sie unter anderem in die jüdischen Baracken und die »Station Z« mitnimmt (Hinrichtungsanlage, Gaskammer, Krematorium). Keine leichte Kost.

332 GREEN FASHION TOURS
0163 6852 985
www.greenfashiontours.com

Wenn Sie an nachhaltiger Mode interessiert sind, sollten Sie eine dieser Touren zu den interessantesten Spots der Stadt für nachhaltige Mode und Upcycling mitmachen. Dabei haben Sie auch die exklusive Gelegenheit, Designer und Gründer von Concept-Stores persönlich kennenzulernen. Touren zu verschiedenen Themen, Styling-Beratung.

333 BERLINER UNTERWELTEN
Brunnenstr. 105
Prenzlauer Berg ③
030 4991 0517
www.berliner-unterwelten.de

Ziel des Vereins der Berliner Unterwelten ist es, die unterirdische Architektur der Stadt zu erforschen, zu dokumentieren und der Öffentlichkeit zugänglich zu machen: Kavernen, Luftschutzbunker, stillgelegte Eisenbahntunnel, verfallene Brauereigewölbe … Viele großartige Touren in verschiedenen Sprachen. Beliebt bei (größeren) Kindern.

334 QUEERE TOUR
Schöneberg ⑦
0151 4011 2203
www.finn-ballard-tours.com

Auf dieser Tour erkunden Sie das schwule Schöneberg, besuchen Christopher Isherwoods Haus und das Eldorado, einen der ersten Treffpunkte für Schwule und Transsexuelle in Europa. Sie erfahren etwas über den Pionier der »Sexologie« Hirschfeld, sehen das Lesbenviertel der Weimarer Zeit und vieles mehr. Der schwule Historiker Finn Ballard ist Experte auf diesem Gebiet. Nicht für Kinder unter 12 Jahren.

335 STREET ART WORKSHOP & TOUR
Treffpunkt: Alexanderplatz, Fernsehturm
Mitte ①
0162 8198 264
www.alternativeberlin.com

Alternative Berlin bietet diese Kombination aus Workshop und Führung zur Street-Art an. Sie lernen Geschichte und Ursprung der Kunstform, den Unterschied zwischen Street-Art und Graffiti, ungeschriebene Gesetze und Verhaltensregeln etc. kennen. Alle Guides sind Straßenkünstler bzw. Sprayer und Experten auf ihrem jeweiligen Gebiet. Für Kinder ab 12 Jahren geeignet.

5 Orte, an denen die
BERLINER MAUER
noch sichtbar ist

---

336 DDR-GRENZ-WACHTURM
Erna-Berger-Straße
Mitte ①
www.berlinwall
expo.de

Von 1961 bis 1989 mussten die Menschen mit der Mauer leben, die Westberlin hermetisch abschloss. Die Grenzposten hatten Befehl, auf jeden zu schießen, der fliehen wollte. Dieser Turm erinnert als Letzter der vielen runden pilzförmigen Wachtürme an diese traurige Vergangenheit.

337 GEDENKSTÄTTE BERLINER MAUER
Bernauer Str. 111
Prenzlauer Berg ③
030 4679 86666
www.berliner-mauer-gedenkstaette.de

Dieses Denkmal und Museum ist ein absolutes Muss, um die Berliner Mauer zu verstehen. Es besteht aus dem Besucher- und dem Dokumentationszentrum, dazu gibt es ein Freigelände. Im nahe liegenden Nordbahnhof können Sie außerdem die Ausstellung *Grenz- und Geisterbahnhöfe* besuchen. Interessante Führungen.

336 DDR-GRENZWACHTURM

340 LIESENSTRASSE

338 TOPOGRAPHIE DES TERRORS
Niederkirchnerstr. 8
Kreuzberg ②
030 2545 0950
www.topographie.de

An diesem Ort befanden sich unter anderem die Zentralen der Gestapo und der SS. Heute dokumentiert die »Topographie« die Gräueltaten des Dritten Reiches. Die noch erhaltenen 200 Meter der Mauer an der Niederkirchnerstraße wurden in das Dokumentationszentrum integriert. Ein absolutes Muss!

339 DIE MAUER
Asisi-Panorama zum geteilten Berlin
Checkpoint Charlie
Friedrichstr. 205
Kreuzberg ②
0341 3555 340
www.asisi.de

Checkpoint Charlie, der einstige Grenzübergang der Berliner Mauer und Symbol des Kalten Krieges, ist zu einer schäbigen Touristenfalle verkommen. Besser ist das 360°-Asisi-Panorama. Damit erleben Sie den Alltag an der Berliner Mauer an einem fiktiven Herbsttag in den Achtzigerjahren. Nicht verpassen: die schönen Bilder vom Mauerfall im Foyer.

340 LIESENSTRASSE
Mitte ①

Erwarten Sie hier keine Touristen. Um ehrlich zu sein: Es gibt hier überhaupt nicht viel zu sehen. Keine Hipster-Läden, keine Museen, keine Bars, keine Gedenkstätten. Aber ein intaktes echtes »wildes« Stück der Mauer.

5 kaum bekannte
INNENHÖFE

341 **CAMARO FOUNDATION**
Potsdamer Str. 98a
Mitte ①
030 2639 2975
www.camaro-stiftung.de

Berlin ist nicht nur eine sehr grüne Stadt – 30 Prozent Parkfläche –, sondern auch eine Stadt mit vielen Innenhöfen. Hier sorgt die Camaro Foundation dafür, dass Sie nicht nur die Schönheit eines grünen Hinterhofes, sondern auch eine Kunstausstellung bewundern können.

342 **HECKMANN-HÖFE**
Oranienburger Str. 32
Mitte ①
030 3036 2580
www.heckmann-hoefe.de

Diese schönen Innenhöfe verbinden die Oranienburger Straße mit der Auguststraße. Tatsächlich finden sich in dem ganzen Viertel solche versteckten Perlen. Neben den bekannten Hackeschen Höfen gibt es hier auch die Sophie-Gips-Höfe (Sophienstraße 21) und die Kunstwerke in der Hofanlage Auguststraße 69.

343 **JÜDISCHES MUSEUM**
Glashof
Lindenstr. 9–14
Kreuzberg ②
030 2599 3300
www.jmberlin.de

Der Architekt Daniel Libeskind fügte dem Jüdischen Museum 2007 diesen von Glas umschlossenen Innenhof hinzu. Am Anfang stand ein Entwurf mit dem Titel Sukkah (»Laubhütte«). Das Dach hat eine Fläche von 706 m².

344 **MIETSKASERNE IM WEDDING**

Gerichtstr. 23
Wedding ⑩

Mietskasernen entstanden stets in Zeiten, in denen die Berliner Bevölkerung stark wuchs, vor allem nach der deutschen Reichsgründung 1871. Für diese Mietshäuser waren große Höfe Vorschrift, damit Feuerwehrwagen in ihnen wenden konnten. Oft umschließen die Gebäude sogar mehrere Höfe. In der Gerichtstraße befinden sich viele davon noch in ihrem ursprünglichen Zustand. Einzigartige Berliner Stadtatmosphäre.

345 **CAMERA WORK**

Kantstr. 149
Charlottenburg ⑨
030 3100 773
www.camerawork.de

Camera Work ist eine große Fotogalerie in einem wunderschönen Innenhof. Verbinden Sie einen Besuch der Galerie mit einem Besuch des Museums für Fotografie (Helmut Newton Stiftung) und des C/O Berlin im Amerika-Haus (Hardenbergstraße 22).

344 MIETSKASERNE IM WEDDING

342 HECKMANN-HÖFE

5 spannende
TATTOO-KÜNSTLER

---

346 **VALENTIN HIRSCH**
(NUR MIT TERMIN)
Neukölln ⑥
www.valentin
hirsch.com

Berlin ist eine Tattoo-freundliche Stadt, daher lässt sich unmöglich sagen, wie viele qualifizierte Tattoo-Künstler es hier gibt. Einer der besten ist zweifellos Valentin Hirsch, der an der Akademie der bildenden Künste Wien studiert hat. Die einzigartigen Tierdesigns des besessenen Zeichners haben einen Hang zur Symmetrie.

347 **ANDY MA**
LIGHTWORKERS TATTOO
(NUR MIT TERMIN)
Kreuzberg ②
www.lightworkers
tattoo.com

Tattoo-Künstler Andy MA gründete dieses Studio in Kreuzberg. Er verwendet nur vegane Tinte und 10 Prozent seines Gewinns gehen an Tierrettungs- und Tierrechtsgruppen. Als Mitglied einer Sea-Shepherd-Schiffscrew bekommen Sie Ihre Tattoos kostenlos.

348 ADRIÀ DE YZAGUIRRE
(NUR MIT TERMIN)
Kreuzberg ②
www.adriade
yzaguirre.com

Adrià hat Grafikdesign und Bildhauerei studiert. Er verwendet fast ausschließlich schwarze Tinte und verbindet in seiner Kunst Tattoo mit Illustration, wobei er auf typische Tattoo-Motive verzichtet. So hat er einen sehr persönlichen Stil entwickelt. Im Jahr 2016 eröffnete er sein eigenes Atelier, Amor de Madre.

349 PETER AURISCH
(NUR MIT TERMIN)
Friedrichshain ④
www.peteraurisch.com

Der Tattoo-Künstler Peter Aurisch arbeitet seit 2011 in Berlin. Er besitzt ein Studio namens Nevada Johnny, wo er zusammen mit Jessica Mach und wechselnden Gastkünstlern arbeitet. Den Stil seiner Tattoos könnte man als expressionistisch-kubistisch beschreiben. Sie haben einen hohen Wiedererkennungswert. Er besitzt auch ein veganes Restaurant nahe dem Bahnhof Ostkreuz.

350 EJSMONT & FENRIS
(NUR MIT TERMIN)
Döringstr. 7
Friedrichshain ④
www.axelejsmont.com

Axel Ejsmont ist der Künstlername einer polnischen Illustratorin und Tattoo-Künstlerin. Ihr Stil ist minimalistisch und ihre Tattoos sehen aus, als hätte sie Skizzen auf die Haut übertragen. Mirja Fenris hat einen eher grafischen, Art-déco-artigen Stil. Beide stehen für Symmetrie, Punkte und komplexe Designs.

45 ORTE FÜR KULTURGENUSS

---

5 interessante **GALERIEN** —————————— 190

5 besonders sehenswerte **KUNSTMUSEEN** ——— 192

5 Museen, die Sie **NICHT VERPASSEN** *sollten* — 194

Die 5 besten **FESTIVALS** ————————————— 197

5 ungewöhnliche **VERANSTALTUNGSORTE** —— 199

Die 5 besten **PROGRAMMKINOS** ——————— 202

5 Orte mit **GUTER STRASSENMUSIK** ———— 204

5 Orte für Kultur mit
INTERNATIONALEM FLAIR ———————— 206

5 wichtige **KULTURFESTIVALS** ———————— 208

5 interessante
GALERIEN

---

351 **EIGEN + ART**
Auguststr. 26
Mitte ①
030 2806 605
www.eigen-art.com

Die Galerie EIGEN + ART entstand 1983 in Leipzig als inoffizielles Projekt im privaten Loft von Gerd Harry Lybke. Nach dem Fall der Mauer eröffnete er in der (damals noch heruntergekommenen) Auguststraße eine Galerie, in der er vor allem Künstler der Neuen Leipziger Schule vertritt.

352 **SAMMLUNG BOROS**
(NUR MIT TERMIN)
Bunker
Reinhardtstr. 20
Mitte ①
030 2408 33300
www.sammlung-boros.de

Ein Bunker mit typisch Berliner Geschichte: Von den Nazis gebaut, dann von den Russen in ein Kriegsgefangenenlager umgewandelt und schließlich als Lagerhaus für Bananen genutzt, bevor dort ein berühmter Hardcore-Techno-Club entstand. Heute beherbergt das Gebäude eine erlesene und sehr persönliche Auswahl zeitgenössischer Kunst von Christian Boros. Besuchen Sie die Website und buchen Sie einen geführten Besuch, sonst kommen Sie nicht rein!

353 MEINBLAU PROJEKTRAUM

Christinenstr. 18–19
Prenzlauer Berg ③
030 4496 457
www.meinblau.de

Interessante, kleine Galerie. Der Ausstellungsraum wird oft von den Artists in Residence oder Künstlerkollektiven bespielt. Die Ausstellungen bewegen sich abseits des kommerziellen Kunstmarkts und des politischen Mainstreams. Die Bedeutung der Galerie als Bollwerk unabhängiger Kunst in diesem Stadtteil wird immer größer, je stärker die Gentrifizierung der Umgebung voranschreitet.

354 GALERIEN IN DER POTSDAMER STRASSE

Tiergarten ⑧

Das Gebiet um die Potsdamer Straße mausert sich immer mehr zu einem neuen Hotspot für Kunstliebhaber. Mittlerweile gibt es hier bereits mehr als 30 Galerien für zeitgenössische Kunst. Wenn Sie einen Kaffee brauchen, probieren Sie P103 Mischkonzern, Hausnummer 103.

355 HAUS AM WALDSEE

Argentinische Allee 30
Zehlendorf
030 8018 935
www.hausam
waldsee.de

1946 wurde in dem viel älteren Haus ein Ausstellungsraum eingerichtet. Heute bietet es eine Plattform für Berliner Künstler, die bereits international bekannt sind. Ein besonderer Schwerpunkt liegt auf der Öffentlichkeitsarbeit, weshalb auch Veranstaltungen wie Yogastunden inmitten der Kunst und Künstlergespräche angeboten werden. Schönes Café.

5 besonders sehenswerte
KUNSTMUSEEN

---

356 GEORG KOLBE MUSEUM
Sensburger Allee 25
Charlottenburg ⑨
030 3042 144
www.georg-kolbe-museum.de

Kolbe war der erfolgreichste deutsche Bildhauer der ersten Hälfte des zwanzigsten Jahrhunderts. Drei Jahre nach seinem Tod 1947 wurde sein Atelier als erstes Museum Westberlins eröffnet. Es widmet sich der Erforschung und Bewahrung des künstlerischen Erbes von Kolbe und beherbergt interessante Ausstellungen. Das Museum und seine Umgebung, einschließlich des Café K, sind einfach großartig.

357 BERLINISCHE GALERIE
Alte Jakobstr. 124-128
Kreuzberg ②
030 7890 2600
www.berlinische galerie.de

Diese Galerie sammelt Berliner Kunst ab 1870. Auf 4600 m² Ausstellungsfläche gibt es Werke von Dada Berlin, der Neuen Sachlichkeit und der osteuropäischen Avantgarde. Lässt sich gut mit einem Besuch des Jüdischen Museums in der Nähe kombinieren.

358 MUSEUM FÜR FOTOGRAFIE
Jebensstr. 2
Charlottenburg ⑨
030 2664 24242
www.smb.museum/
museen-und-einrich
tungen

Das Museum für Fotografie, ein ehemaliges Offizierskasino, beherbergt heute auf 2000 m² Ausstellungsfläche die Sammlung Fotografie der Kunstbibliothek und die Helmut Newton Stiftung. Helmut Newtons facettenreiches und oft provokantes Werk wird hier in Wechselausstellungen präsentiert.

359 HAMBURGER BAHNHOF
Invalidenstr. 50–51
Mitte ①
030 2664 24242
www.smb.museum/
museen-und-einrich
tungen/hamburger-
bahnhof

Hier fuhren einst Züge in die Hansestadt ab. Heute ist der ehemalige Bahnhof ein großartiges Museum für zeitgenössische Kunst. Wechselnde Ausstellungen decken ein breites Spektrum künstlerischer Richtungen nach 1950 ab. Die ständige Sammlung mit Werken von Joseph Beuys, Andy Warhol oder Cy Twombly ist Weltklasse.

360 ME COLLECTORS ROOM – OLBRICHT FOUNDATION
Auguststr. 68
Mitte ①
030 8600 8510
www.me-berlin.com

Dieses private Museum ist für Sammler, Kuratoren und alle diejenigen geöffnet, die die Welt der Kunst und ihre grenzenlosen Möglichkeiten voller Abenteuerlust erkunden wollen. Wechselnde Ausstellungen und andere Veranstaltungen, ein Highlight ist die Wunderkammer im ersten Stock. Tipp: Nutzen Sie den Audioguide.

5 Museen, die Sie
NICHT VERPASSEN
sollten

---

361 **SCHWULES MUSEUM**
Lützowstr. 73
Tiergarten ⑧
030 6959 9050
*www.schwules
museum.de*

Dieses beeindruckende Museum ist eine der weltweit bedeutendsten Institutionen, die Geschichte und Kultur der LGBTIQ-Gemeinschaft archiviert, erforscht und vermittelt. Wechselausstellungen und Veranstaltungen bieten vielfältige Einblicke in lesbische, schwule, trans- und bisexuelle und queere Biografien und Themen in Geschichte, Kunst und Kultur. Kostenlose Führungen.

362 **MUSEUM DER DINGE**
Oranienstr. 25
Kreuzberg ②
030 9210 6311
*www.museumder
dinge.de*

Design-Genuss! Der Name dieses Museums ist absichtlich ambivalent. Die »Dinge« sind eigentlich eine Sammlung von Alltagsgegenständen (alle »made in Germany«), die uns ohne viel Erklärung die Geschichte des letzten Jahrhunderts erzählen. Interessant ist auch der Vergleich von ost- mit westdeutschem Design.

361 **SCHWULES MUSEUM**

363 MUSEUM BERGGRUEN
Schlossstr. 1
Charlottenburg ⑨
030 2664 24242

Das Museum Berggruen, direkt gegenüber von Schloss Charlottenburg, ist der kleine Bruder der Neuen Nationalgalerie. Hier finden Sie Werke von Giacometti, Paul Klee oder Matisse, aber auch ausgezeichnete Wechselausstellungen. Und wenn Sie schon einmal dort sind, besuchen Sie doch auch gleich das wunderschöne Bröhan-Museum nebenan.

364 DESIGNPANOPTIKUM
Poststr. 7
Mitte ①
01577 4012 991
www.design panoptikum.com

Das Designpanoptiktum ist ein surrealistisches Museum für Industrieobjekte mit karnevalistischer Atmosphäre. Tauchen Sie ein in Vlads (der Besitzer) Welt: Retro-Technologie, die an Körperteilen befestigt ist, medizinische Geräte, die mit gewöhnlichen Gegenständen aller Art aus vergangenen und zukünftigen Epochen verbunden sind. Steampunk-Fans werden ausflippen!

365 RAMONES-MUSEUM
Oberbaumstr. 5
Kreuzberg ②
030 7552 8889
www.ramones museum.com

Gabba gabba hey! Museumgründer Flo Hayler begann seine Sammlung von Ramones-Memorabilia vor fast 20 Jahren mit einem Ticketstummel, einem Poster und einem T-Shirt von seinem ersten Ramones-Konzert im Jahr 1990. Jetzt zeigt dieses kleine private Museum mit Bar mehr als 500 Erinnerungsstücke an die Punkrock-Band. Sieben Tage die Woche geöffnet.

Die 5 besten
FESTIVALS

---

366 LOLLAPALOOZA
Verschiedene Orte
*www.lolla
paloozade.com*

Dieses Festival ist alles andere als klein und gemütlich, aber seine berlintypische lockere Atmosphäre und sein Publikum sind einmalig. Jedes Jahr im September, das Line-Up besteht aus einer Mischung von nationalen und internationalen Bands. Extrem kinderfreundlich.

367 TORSTRASSEN FESTIVAL
**Verschiedene Orte
Mitte ①**
*www.torstrassen
festival.de*

In Zusammenarbeit mit verschiedenen Cafés, Shops und Bars in und um die Torstraße und den Rosenthalerplatz will das Team hinter diesem sehr schönen Festival ein Forum für aktuelle Trends in den verschiedenen Berliner Musikszenen bieten. Ein Muss für Einheimische, Touristen und Influencer. Jedes Jahr im Juni.

368 **FOREIGN AFFAIRS FESTIVAL**
Haus der Berliner
Festspiele
Schaperstr. 24
Charlottenburg ⑨
030 2548 9100
www.berlinerfestspiele.de/en/aktuell/festivals/foreign_affairs

Dieses internationale Festival für zeitgenössische darstellende Kunst findet jedes Jahr im Juli zu einem anderen Thema im wunderschönen Haus der Berliner Festspiele statt. Eine einmalige Gelegenheit, die Arbeiten der weltbesten Choreografen wie Alain Platel oder William Kentridge in einem erstklassigen Rahmen zu sehen.

369 **LESBISCH-SCHWULES STADTFEST BERLIN**
Schöneberg ⑦
www.stadtfest.berlin

Immer mitten im Juli färbt sich die Gegend rund um den Nollendorfplatz pink. Ein Wochenende lang sind diese Straßen dann die beliebteste Partymeile Berlins. Farbenfrohe Shows, Essen, Trinken, dazu Informationsstände. Europas größtes lesbisch-schwules Festival, für manche sogar wichtiger als Gay Pride.

370 **FUSION FESTIVAL**
Am Flugplatz 1
Rechlin
030 6098 4377
www.fusion-festival.de

Jedes Jahr im Juni auf dem ehemaligen Militärflugplatz Rechlin, zwei Stunden von Berlin entfernt. Für die Dauer dieses Festivals tauchen die Teilnehmer in eine avantgardistische Parallelgesellschaft ein und huldigen auf der Suche nach einer besseren Welt Musik verschiedener Richtungen, Theater, Performance und Kunst.

5 ungewöhnliche
VERANSTALTUNGS-ORTE

---

371 SPIEGELSAAL
Clärchens Ballhaus
Auguststr. 24
Mitte ①
030 6108 7662
www.spiegelsaal-berlin.de

Clärchens Ballhaus ist bei Touristen und Einheimischen gleichermaßen beliebt. Dort versteckt ist ein Spiegelsaal, der 60 Jahre lang nicht benutzt wurde und in dem die Spuren der Zeit und des Krieges noch sichtbar sind. Nicht immer geöffnet, manchmal Kammermusikveranstaltungen – informieren Sie sich am besten auf der Website.

372 PIERRE BOULEZ CONCERT HALL
Französische Str. 33d
Mitte ①
030 4799 7411
www.boulezsaal.de

Dieser unkonventionelle Konzertsaal eröffnete im März 2017 und ist Teil der Barenboim-Said-Akademie. Er wurde vom amerikanischen Architekten Frank Gehry entworfen, einem Freund von Daniel Barenboim und Pierre Boulez. Der Veranstaltungsort ist äußerst wandelbar und seine sinnliche, elliptische Form sorgt für eine intime Atmosphäre. Fabelhafte Akustik.

373 DEUTSCHE OPER BERLIN
**Bismarckstr. 35
Charlottenburg ⑨
030 3438 4343**
*www.deutscheoper
berlin.de*

Die Deutsche Oper wurde 1961 von Fritz Bornemann in einem ultramodernen Stil entworfen. Manche empfinden das Erscheinungsbild des Gebäudes als zu kalt, aber stilvoll ist es allemal. Hervorragende Klangqualität und großartig inszenierte Stücke.

374 BAR JEDER VERNUNFT
**Schaperstr. 24
Charlottenburg-
Wilmersdorf ⑨
030 8831 582**
*www.bar-jeder-
vernunft.de*

In unmittelbarer Nähe des Hauses der Berliner Festspiele liegt die glamouröse Bar jeder Vernunft, bekannt als Veranstaltungsort für Cabaret und Kabarett, Comedy und gutes Essen. Die Atmosphäre in dem fantastisch glitzernden Spiegelzelt ist einzigartig.

375 EHEMALIGES STUMMFILMKINO DELPHI
**Gustav-Adolf-Str. 2
Prenzlauer Berg ③
030 4004 8587**
*www.theater-im-
delphi.de*

In den Zwanzigerjahren traf man noch Marlene Dietrich und Fritz Lang auf dieser Straße mit den vielen Kinos. Das Delphi war eines der größten und überlebte auf wundersame Weise den Zweiten Weltkrieg, die DDR und die turbulente Zeit nach dem Mauerfall. Eines der schönsten Zeugnisse der Blütezeit des deutschen Stummfilms mit all seinem Glamour und Flair.

374 BAR JEDER VERNUNFT

385 WARSCHAUER STRASSE

Die 5 besten
PROGRAMMKINOS

---

376 **LICHTBLICK-KINO**
Kastanienallee 77
Prenzlauer Berg ③
030 4405 8179
www.lichtblick-kino.org

Nettes kleines Theater im typischen leicht schäbigen Berliner Look. Bietet nur 32 Personen Platz. Das Programm konzentriert sich auf Independent- und Dokumentarfilme in Originalfassung mit deutschen Untertiteln.

377 **KINO CENTRAL**
Rosenthaler Str. 39
Mitte ①
030 2859 9973
www.kino-central.de

Unabhängiges Programmkino im Haus Schwarzenberg. Im Sommer gibt es hier auch Open-Air-Vorstellungen. Sorgfältige Filmauswahl und Neunzigerjahre-Atmosphäre. Viele gute Kinderfilme.

378 **BABYLON**
Rosa-Luxemburg-Str. 30
Mitte ①
030 2425 969
www.babylonberlin.de

Dieses Kino wurde 1929 im Art-déco-Stil errichtet und überstand den Krieg. Erstklassige Filmauswahl, aber der ganze Stolz des Hauses ist die restaurierte Kinoorgel aus dem Jahre 1929. Auf der Website finden Sie Termine der Vorführungen mit Orgelbegleitung.

379 **MOVIEMIENTO**
Kottbusser Damm 22
Kreuzberg ②
030 6924 785
www.moviemento.de

Deutschlands ältestes noch betriebenes Kino hat drei Vorführräume und eine Lounge. Hier gibt es Art-House-Filme, aber auch Mainstream und ein paar nette Kinderfilme. Auch OF und OmU, informieren Sie sich auf der Website.

380 **KINO INTERNATIONAL**
Karl-Marx-Allee 33
Mitte ①
030 2475 6011
www.kino-international.com

Das Kino International war das Vorzeigekino der DDR und ist immer noch ein architektonisches Highlight. Eines der wenigen Kinos, das immer noch handgemalte Filmplakate anfertigen lässt.

377 KINO CENTRAL

380 KINO INTERNATIONAL

5 Orte mit
GUTER STRASSEN-MUSIK

---

381 **ALEXANDERPLATZ**
Mitte ①

Auf den ersten Blick ist der Alexanderplatz vor allem zum Shoppen da, aber seine brutalistische Architektur hat ihren eigenen Charme. Der Platz ist beliebt bei Straßenmusikern, wenn Sie Glück haben, können Sie hier vor dem Saturn oder unter der Hochbahn sehr talentierten Musikern lauschen (z. B. Charity Children).

382 **MAUERPARK**
Prenzlauer Berg ③

Der einzige Berliner Park, in dem Musiker mit Verstärker spielen dürfen, ohne eine Genehmigung einholen zu müssen. Sehr gute Straßenmusiker wie Teresa Bergman, Alice Phoebe Lou oder Charity Children, um nur ein paar zu nennen. An heißen Sommerabenden gibt es außerdem Karaoke, nicht verpassen!

383 **HACKESCHER MARKT**
Mitte ①

Am immer vollen Hackeschen Markt spielen gute Straßenmusiker. Deutscher Funk, eine Klezmer-Band oder Balkan Blues, hier gibt es alles mögliche …

384 PRINZESSINNEN-GÄRTEN
**Prinzenstr. 35/
Moritzplatz
Kreuzberg ②**

Netter Flohmarkt in den Prinzessinnengärten, der im Sommer jeden zweiten Sonntag im Monat stattfindet. Sehr talentierte Musiker nutzen die Möglichkeit, auf einer richtigen Bühne mit Soundsystem auftreten zu können.

385 WARSCHAUER STRASSE
Friedrichshain ④

Es erfordert einigen Mut, auf der Warschauer Brücke oder vor der U-Bahn-Station zu spielen. An manchen Tagen versammelt sich ein großes Publikum um einen besonders guten Straßenmusiker, an anderen nimmt niemand auch nur Notiz.

382 MAUERPARK

5 Orte für Kultur mit
INTERNATIONALEM FLAIR

---

386 **F40 ENGLISH THEATRE**
Fidicinstr. 40
Kreuzberg ②
030 6911 211
www.etberlin.de

Das F40 zeigt monatlich drei oder vier Produktionen des English Theatre Berlin mit Berliner und internationaler Besetzung. Das ganzjährige Programm umfasst Eigen- und ausgewählte internationale Produktionen, dazu Arbeiten der freien Berliner Theaterszene. Konzerte, Comedy und Schauspielunterricht.

387 **SCHAUBÜHNE**
Kurfürstendamm 153
Charlottenburg ⑨
030 8900 23
www.schaubuehne.de

Berühmtes Westberliner Theater. Seit 1999 steht es unter der künstlerischen Leitung von Thomas Ostermeier, der seinem Ensemble zu internationalem Erfolg verhalf. Eine Besonderheit des Theaters ist die stilistische Vielfalt der Regieansätze, einschließlich neuer Tanz- und Musiktheaterformen. Stars des Hauses sind Lars Eidinger und Nina Hoss.

388 **HAU**

HAU1:
Stresemannstr. 29
HAU2: Hallesches
Ufer 32
HAU3: Tempelhofer
Ufer 10
Kreuzberg ②
030 2590 0427
www.hebbel-am-ufer.de

HAU entstand 2003/04 aus dem Zusammenschluss von drei im gleichen Viertel beheimateten Theatern. Das Theater und internationale Zentrum für darstellende Künste eckt gerne mal an und bietet dabei das beste experimentelle, internationale Theaterprogramm der Stadt – mit einer mutigen Mischung aus zeitgenössischem Tanz und multimedialen Performances.

389 **MAXIM GORKI THEATRE**

Am Festungsgraben 2
Mitte ①
030 2022 1115
www.gorki.de

Das Maxim Gorki Theater, benannt nach dem russischen Schriftsteller Gorki, ist im Gebäude der Sing-Akademie am Boulevard Unter den Linden untergebracht. Das sorgfältig ausgewählte Programm des kleinsten und schönsten Ensembletheaters Berlins beschäftigt sich mit der menschlichen Existenz und Identitätskonflikten.

390 **RADIALSYSTEM V**

Holzmarktstr. 33
Mitte ①
030 2887 88588
www.radialsystem.de

In dem ehemaligen Pumpwerk an der Spree befindet sich dieser fantastische Veranstaltungsort, dessen Programm weit über traditionelle Konzerte, Tanz- und Theateraufführungen hinausgeht. Radialsystem V entwickelt ständig neue und innovative Ideen und veranstaltet regelmäßig Workshops im Bereich Musik und Tanz für Kinder und Jugendliche.

5 wichtige
KULTURFESTIVALS

---

391 **BERLINALE**
FEBRUAR
www.berlinale.de

Die Berlinale ist sicher Berlins berühmtestes Festival, und einer der wichtigsten Termine für die internationale Filmindustrie: Jährlich werden mehr als 335 000 Eintrittskarten verkauft, es kommen mehr als 20 000 Fachbesucher aus 122 Ländern. Viel Glamour für das »arme, aber sexy« Berlin. Besorgen Sie sich Ihre Tickets frühzeitig!

392 **TANZ IM AUGUST**
AUGUST/SEPTEMBER
030 2590 0427
www.tanzimaugust.de

Deutschlands größtes Festival des zeitgenössischen Tanzes begann avantgardistisch und experimentell. Später ging es dann nicht mehr »nur« um Nischenkunst und heute steht es für großartige Gastspiele. Das Festival (präsentiert von HAU, siehe Hidden Secret 388) untersucht die Verbindung zwischen bildender Kunst und Bewegung.

393 48 STUNDEN NEUKÖLLN
ENDE JUNI
Neukölln
www.48-stunden-neukoelln.de

Zwei Tage Kunst im angesagtesten Viertel Berlins. Das Festival ist eine gemeinsame Initiative von Künstlern, Zuschauern und Bewohnern. Die Organisatoren versuchen, alle Bewohner des Viertels einzubeziehen, unabhängig von Alter, Herkunft oder sozialer Stellung. Hier scheint es wirklich zu gelingen, den Menschen die Kunst näherzubringen.

394 BERLIN BIENNALE FÜR ZEITGENÖSSISCHE KUNST
JEDES ZWEITE JAHR, AN VERSCHIEDENEN ORTEN
blog.berlinbiennale.de

Die in den letzten Jahren immer wieder polarisierende Berlin Biennale hat sich als Raum für Experimente mit den neuesten Trends der Kunstwelt etabliert, die hier identifiziert und kritisch hinterfragt werden. Dieses »Kunstlabor« beschäftigt sich dabei auch mit Postzeitgenössischem. Erwarten Sie keine bekannten Namen.

395 INTERNATIONALES LITERATURFESTIVAL BERLIN
SEPTEMBER
Chausseestr. 5
Mitte ①
030 2787 8620
www.literaturfestival.com

Das Festival lädt Autoren aus aller Welt ein, die hier ihre Werke in Originalsprache vorstellen. Texte und Gedichte werden dabei in Themengruppen aufgeteilt: Literaturen der Welt, Reflections, Internationale Kinder- und Jugendbuchliteratur, »Erinnerung, sprich«, Science and the Humanities, Specials und Geschichte.

25 DINGE, DIE MAN MIT KINDERN UNTERNEHMEN KANN

Die 5 besten **SPIELPLÄTZE** ———————— 212

5 Orte für eine **ABKÜHLUNG IM SOMMER** ———————————— 214

5 exzellente **EISVERKÄUFER** ———————— 216

5 KINDERFREUNDLICHE MUSEEN ———— 218

5 Läden und Lokale, in denen **KINDER WILLKOMMEN** *sind* ———————— 220

Die 5 besten
SPIELPLÄTZE

---

396 BRITZER GARTEN
Sangerhauser Weg 1
Neukölln ⑥
030 7009 0680
www.gruen-berlin.de/
britzer-garten

Unter den 5 besten von 1850 Spielplätzen in Berlin – die Geräte sind nichts Besonderes, aber dafür umfasst er auf 90 Hektar Seen, Hügel und Bauten. Hier kann man die Natur erkunden und sich wieder eins mit ihr fühlen.

397 HEXENSPIELPLATZ
Eisenacher Str. 29
Schöneberg ⑦

Spielspaß auf 3000 m² mit einem Kletterturm ohne Sicherheitsnetz, einer langen Zipline und einem riesigen Piratenschiff aus Holz mit Seilbrücken. Das eigentliche Highlight ist das zweistöckige Hexenhaus.

398 PLÄNTERWALD
Treptow-Köpenick ⑤
www.pro-plaenter
wald.de

Berlins größter Wasserspielplatz liegt in einem riesigen Wald. Nicht schick oder modern, aber die lieben Kleinen lieben ihn! Es gibt einen Eiswagen, und auf dem Waldspielplatz können sich die Kinder ihr eigenes Baumhaus bauen.

399 **PARK AM GLEISDREIECK**

Möckernstr. 26
Kreuzberg ②
030 7009 060
www.gruen-berlin.de/gleisdreieck

Dieser Park, der jedes Jahr ein bisschen größer zu werden scheint, liegt auf dem Gelände ehemaliger Bahnbrachen. Er wird oft als zu postmodern kritisiert, ist aber einfach wunderschön: riesig, grün und für alle Altersgruppen. Beachvolleyballplätze, Spielplätze, Skatepark.

400 **WALDHOCHSEILGARTEN JUNGFERNHEIDE**

Heckerdamm 260
Charlottenburg ⑨
030 3409 4818
www.waldhochseilgarten-jungfernheide.de

Kletterwald für Kinder ab 6 Jahren und Erwachsene. Sie werden in Gurtzeug geschnallt und können sich dann hoch oben in den Bäumen an den Ziplines und Balancierbalken austoben. Von März bis Oktober täglich geöffnet.

399 PARK AM GLEISDREIECK

5 Orte für eine
ABKÜHLUNG IM SOMMER

---

401 **SOMMERBAD PANKOW**

Wolfshagener Str. 91–93
Pankow
030 2219 0011
www.berlinerbaeder.de/
baeder/sommerbad-
pankow

402 **STADTBAD MITTE »JAMES SIMON«**

Gartenstr. 5
Mitte ①
030 2219 0011
www.berlinerbaeder.de/
baeder/stadtbad-mitte

403 **STRANDBAD WANNSEE**

Wannseebadweg 25
Nikolassee
030 2219 0011
www.berlinerbaeder.de/
baeder/strandbad-
wannsee

In Berlin gibt es viele Hallen- und Freibäder. Und an einem der schönen, sonnigen Berliner Sommertage geht doch nichts über eine Abkühlung! Z. B. im von einem großen grünen Park umgebenen Sommerbad in Pankow. Kleine Kinder lieben die Rutschen, größere bevorzugen den Sprungturm.

Scheint die Sonne mal nicht, können Sie mit den Kindern in eines der vielen Berliner Hallenbäder gehen. Das 1929 eröffnete Stadtbad Mitte ist ein echtes architektonisches Kleinod. Fassade mit viel Glas, Wassertemperatur immer bei angenehmen 27,5° C.

Mit der S-Bahn bis Station Wannsee, und schon sind Sie im großen, über 100 Jahre alten Freibad am schönen Wannsee. Im Sommer von 8 bis 21 Uhr geöffnet. FKK erlaubt.

404 **KINDERBAD MONBIJOU**

Oranienburger Str. 78
Mitte ①
030 2219 0011
www.berlinerbaeder.de/baeder/kinderbad-monbijou

Dies ist wahrscheinlich eines der kleinsten Schwimmbäder der Stadt, aber die Lage mitten im Park von Monbijou mit Blick auf die Museumsinsel ist so fantastisch, dass man es einfach erwähnen muss. Während die Kinder im Wasser plantschen, können ihre Eltern es sich auf dem Rasen bequem machen.

405 **FREIBAD PLÖTZENSEE**

Norudfer 26
Wedding ⑲
030 8964 4787
www.strandbad-ploetzensee.de

Dieser wunderschöne kleine See hat vielleicht nicht unbedingt den Ruf, der sauberste zu sein. Dafür hat er aber einen besonderen, altmodischen Charme, der vielen anderen Seen rund um Berlin fehlt. In der Nähe steht die Fischerpinte, ein malerisches Bootshaus.

405 FREIBAD PLÖTZENSEE

5 *exzellente*
EISVERKÄUFER

---

406 **WOOP WOOP ICE CREAM**
Rosenthaler Str. 3
+ Food Truck
Mitte ①
0176 7214 9575
www.woopwoop
icecream.de

Sie finden diesen Eiswagen vielleicht im Bite Club, in der Markthalle Neun oder am Checkpoint Charlie. Die Inhaber Philipp und Boris (auch bekannt als das Creme-Team) produzieren ihr Eis mit flüssigem Stickstoff bei einer Temperatur von fast -200° C.

407 **CUORE DI VETRO**
Max-Beer-Str. 33
Mitte ①
www.cuoredivetro.berlin

Sehr gute Eisdiele und Ort spontaner Konzerte oder Ausstellungen. Hausgemachtes italienisches *gelato* – das dunkle Schokoladeneis ist das vielleicht beste der Stadt. Probieren Sie unbedingt *affogato*, ein Dessert, bei dem Espresso über eine Kugel Vanilleeis gegossen wird.

408 **ESMERALDAS INKA CAFÉ**
Belziger Str. 44
Schöneberg ⑦
0163 7025 734
www.inka-eis.de

Diese südamerikanische Eisdiele hat viele Geschmacksrichtungen im Angebot: Pudding-Apfel, Tamarinde, violetter Mais, *lúcuma* … Wenn Sie keine Lust auf Eis haben, gibt es auch Empanadas oder andere (hauptsächlich peruanische) Snacks.

409 JONES ICE CREAM

Goltzstr. 3
Schöneberg ⑦
0171 833 5780
www.jonesicecream.com

Egal, ob es an den leckeren handgemachten Waffeln – innen weich, außen knusprig – oder an den unzähligen frischen Eissorten wie Ananas-Ingwer liegt: In jedem Fall werden Sie hier zu der Erkenntnis gelangen, dass ein Eis die Antwort auf alle Ihre Probleme ist!

410 EISBOX

Elberfelder Str. 27
Tiergarten ⑧ / Moabit
030 5448 4652
www.eisbox.eu

Etwas abgelegen und nicht ganz billig, aber es lohnt sich, versprochen! Alles ist bio und ohne Zusätze oder künstliche Aromen. Die Geschmacksrichtungen ändern sich täglich, je nach Verfügbarkeit der frischen Zutaten. Probieren Sie das Safraneis mit Orangenblütenaroma.

5
KINDERFREUNDLICHE MUSEEN

---

411 **JUGEND MUSEUM SCHÖNEBERG**
Hauptstr. 40–42
Schöneberg ①
030 9027 76163
*www.jugend
museum.de*

Das Konzept: zum Experimentieren und zur Neugierde anregen. Zwei Dauer-, dazu temporäre Ausstellungen und Workshops. Ideal für Kinder ab 8 Jahren.

412 **PUPPENTHEATER-MUSEUM**
Karl-Marx-Str. 135
Neukölln ①
030 6878 132
*www.puppentheater-
museum.de*

Die Karl-Marx-Straße ist weder ein Anziehungspunkt für Touristen, noch ist sie besonders hübsch. Aber hinter den schäbigen Fassaden gibt es viel zu entdecken, es wäre also schade, sie links liegen zu lassen. Z. B. gibt es hier das Puppentheater-Museum mit seiner Fantasiewelt voller Marionetten und Puppen von überall her.

413 **MACHMIT!**
Senefelderstr. 5–6
Prenzlauer Berg ③
030 7477 8200
*www.machmit
museum.de*

Ein ganz besonderes Kindermuseum in der umgebauten ehemaligen Eliaskirche. Es ermutigt seine jungen Besucher, sich aktiv zu beteiligen. Workshops, Erlebnisausstellungen, eine Druckerei und ein schönes Café machen dieses Museum wirklich sehenswert. Für Kinder von 4 bis 12 Jahren.

414 **LABYRINTH KINDERMUSEUM**
Osloerstr. 12
Prenzlauer Berg ③
030 8009 31150
*www.labyrinth-
kindermuseum.de*

»Learning by doing« ist das Motto dieses Museums in einer ehemaligen Fabrik im Stadtteil Wedding. Die interaktiven Ausstellungen haben viele verschiedene Themen, von Märchen bis hin zu Kinderrechten, und geben Ihren Kindern die Möglichkeit, spielerisch Wissen zu erwerben. Für Kinder von 3 bis 12 Jahren.

415 **KINDERGALERIE IM BODE-MUSEUM**
Am Kupfergraben
Mitte ①
030 2664 24242
www.smb.museum

Nicht viele wissen, dass das Bode-Museum auch eine interessante Kindergalerie und ein sehr schönes Café hat. Nach Ihrem Besuch können Sie den Straßenmusikanten auf der Brücke zuhören oder, wenn Sie an einem Samstag oder Sonntag dort sind, auf dem Antiquitäten- und Buchmarkt am Flussufer versteckte Schätze finden.

5 Läden und Lokale, in denen
KINDER WILLKOMMEN
sind

---

416 **EMMA & PAUL FAMILIENCAFÉ**

Gleditschstr. 47
Schöneberg ⑦
030 2362 8368
www.emma-paul.de

Kinder von 0 bis 6 Jahren sind in diesem Familiencafé, das besonders für seine Samstags- und Sonntagsbrunches beliebt ist, herzlich willkommen. Während sich die Eltern im Café unterhalten, haben die Kinder im Spielzimmer einen Riesenspaß – eine Win-win-Situation.

417 **CHARLOTTCHEN**

Droysenstr. 1
Charlottenburg ⑨
030 3244 717
www.restaurant-charlottchen.de

Theater und Familienrestaurant seit 1990. Auf dem Programm steht ein buntes Kinderprogramm mit Zaubershows, Clowns und klassischem Puppentheater. Auch das Restaurant ist einen Besuch wert. Nach dem Essen können die Kinder in dem riesigen Spielzimmer Spaß haben, während die Eltern ohne Stress den Abend genießen.

418 **FANTASIA SPIELZEUG**
Danckelmannstr. 10
Charlottenburg ⑨
030 3248 668
www.fantasia-spielzeug.de

Spielkonsolen, Computerspiele, CD-ROMs und Rollenspiele, aber auch jede Menge Lego, eine Auswahl an gebrauchten Spielzeugen und Brettspielen. An- und Verkauf. Wenn Sie Ihre Kinder ein paar Wochen vom Hausaufgabenmachen abhalten wollen, sollten Sie sie hierher bringen.

419 **ONKEL PHILIPP'S SPIELZEUG-WERKSTATT**
Choriner Str. 35
Prenzlauer Berg ③
030 4490 491
www.onkel-philipp.de

Fast eine Art Museum mit einer riesigen Sammlung von DDR-Spielzeug. Das Spielzeug stapelt sich in einem Keller, was vielleicht nicht jedem Kind gefällt. Die Spielwarenhandlung und der Reparaturservice sind dagegen sehr beliebt bei den Kleinen.

420 **J-STORE**
Kantstr. 125
Charlottenburg ⑨
030 3180 1400
www.j-store-berlin.de

J-Store ist ein Mini-Kaufhaus für Manga und Anime. Einer von nur zwei sogenannten »My Purikura«-Fotoständen in Deutschland. Während die Kinder von der *kawaii*-Niedlichkeitsüberladung high werden, können sich die Eltern für einen leckeren Matcha-Käsekuchen in das nahe gelegene Café der japanischen Bäckerei Kame schleichen.

20 ORTE ZUM ÜBERNACHTEN

Die 5 HIPSTEN HOTELS ——————— 224

Die 5 besten GÜNSTIGEN HO(S)TELS ——— 226

Die 5 UNGEWÖHNLICHSTEN
Orte zum Übernachten ——————— 228

Die 5 tollsten BOUTIQUE-HOTELS ——— 230

Die 5
HIPSTEN HOTELS

---

421 **MICHELBERGER HOTEL**
Warschauer Str. 39–40
Friedrichshain ④
030 2977 8590
www.michelberger
hotel.com

Die Hauptklientel dieses Hotels im Eco-Shabby-Chic besteht aus Models, Künstlern, Medienmenschen und Techno-Clubbern. Auf der Facebook-Seite finden Sie Termine für Pop-up-Konzerte von Stars wie Damien Rice oder Arcade Fire. Die meisten Zimmer in diesem preiswerten Boutique-Hotel sind sehr klein.

422 **25HOURS HOTEL BIKINI BERLIN**
Budapester Str. 40
Tiergarten ⑧
030 1202 210
www.25hours-
hotels.com

Das ehemalige Westberlin galt nie als besonders trendy, aber das hat sich mit Eröffnung der Bikini-Concept-Shoppingmall und des 25hours Hotel Bikini geändert. Die Zimmer sind schick und neu eingerichtet und haben große Fenster, sodass Sie den herrlichen Blick auf den Zoo genießen können.

423 **SOHO HOUSE BERLIN**
Torstr. 1
Mitte ①
030 4050 440
www.sohohouse
berlin.com

Lieblingshotel der Promis. Vom Soho-Shop bis zur Dachterrasse im 8. Stock dreht sich alles in diesem Gebäude im Stil der der Neuen Sachlichkeit um Kreativität, Kunst und Design. Vergessen Sie nur nicht, dass Sie Mitglied sein müssen, um ein Zimmer zu bekommen.

424 **HÜTTENPALAST**
Hobrechtstr. 65–66
Neukölln ⑥
030 3730 5806
www.huettenpalast.de

Einzigartiges Hotel in einer ehemaligen Staubsaugerfabrik. Es lässt sich am besten als »urbaner Campingplatz« beschreiben. Das alte Lagerhaus bietet viel Platz für Wohnwagen und Holzhütten, die von den Besitzerinnen Silke und Sarah wunderschön eingerichtet wurden.

425 **ALMODÓVAR HOTEL**
Boxhagener Str. 83
Friedrichshain ④
030 6920 97080
www.almodovar
hotel.de

Dieses schöne Designhotel wurde nach dem extravaganten spanischen Filmregisseur benannt. Berlins erstes vegetarisches Bio-Hotel, das Restaurant Bistro Bardot, ist auch für Nicht-Gäste geöffnet. Alle Zimmer verfügen über Yoga-Matten, TV und Internet.

424 HÜTTENPALAST

Die 5 besten
GÜNSTIGEN HO(S)TELS

---

426 **THE CIRCUS HOSTEL**
Weinbergsweg 1a
Mitte ①
030 2000 3939
www.circus-berlin.de

Das Circus Hostel ist nicht nur günstig, sondern auch schön gestaltet und bietet einen guten und professionellen Service. Einzelzimmer für Gäste, die nicht gerne im Schlafsaal schlafen. Bar, Café und sogar eine eigene Brauerei. Wenn Sie etwas mehr Luxus haben möchten, buchen Sie ein Zimmer im The Circus Hotel (ohne »s«) auf der anderen Seite des Rosenthaler Platzes.

427 **GENERATOR**
Oranienburger Str. 65
Mitte ①
030 9210 37680
www.generator
hostels.com

Früher war die Oranienburger Straße das Herz des alternativen Stadtteils Mitte, heute dagegen ist es schwierig, hier eine Bar oder ein Restaurant mit Herz zu finden. Glücklicherweise gibt es noch einige Ausnahmen wie die X-Terrain-Bar oder das kleine thailändische Restaurant Kamala. Das Generator ist modern und sehr gut ausgestattet.

428 **WOMBAT'S CITY HOSTEL BERLIN**
Alte Schönhauser Str. 2
Mitte ①
030 8471 0820
www.wombats-hostels.com/berlin

Dieses von einem der Eigentümer sehr ansprechend selbst gestaltete Hostel liegt direkt am Rosa-Luxemburg-Platz mit der berühmten Volksbühne. Die Lage ist ideal für Shopping-Süchtige, und es gibt viele ausgezeichnete Restaurants und Kaffeebars in der Nähe.

429 **PENSION 11. HIMMEL**
Wittenberger Str. 85
Marzahn
030 9377 2052
www.pension-11himmel.de

Marzahn im ehemaligen Ostberlin ist von DDR-Plattenbau geprägt. Ein kaum hipper, aber sehr unverfälschter Teil Berlins. Die Pension hat viel mit dem Ostel gemeinsam (siehe Hidden Secret 433), ist aber authentischer und kleiner. Laut den Eigentümern bekommt man hier das »totale Plattenbau-Erlebnis« geboten.

430 **SINGER109**
Singerstr. 109
Friedrichshain ④
030 7477 5028
www.singer109.com

Das Hostel an sich ist nichts Besonderes, hat aber ein sehr schönes Atrium und ist perfekt, wenn man gerne in Clubs wie dem Yaam oder Kater Blau an der Spree in Friedrichshain feiern möchte: Nach einer langen Nacht hat man es nicht weit in den Schlafsaal.

Die 5 UNGEWÖHNLICHSTEN *Orte zum Übernachten*

431 **PROPELLER ISLAND CITY LODGE**
Albrecht-Achilles-Str. 58
Charlottenburg-Wilmersdorf ⑧
030 8919 016
www.propeller-island.de

Wenn Sie schon immer mal in einem Kunstwerk übernachten wollten, ist das die Gelegenheit. Der Künstler Lars Stroschen hat diesen außergewöhnlichen Ort kreiert. Einige Räume sind ziemlich extrem, andere konventioneller – Sie haben die Wahl. Aber Sie können sicher sein, dass buchstäblich alles in diesem Hotel einzigartig ist. (Sommer 2018: Wird zurzeit renoviert.)

432 **NHOW BERLIN**
Stralauer Allee 3
Friedrichshain ④
030 2902 990
www.nh-hotels.de/hotel/nhow-berlin

Dieses riesige Hotel wurde in der Nähe der sogenannten Media Spree gebaut – wo z. B. MTV seine Büros hat. Radikal gestaltet von Architekt Karim Rashid, zieht das Nhow viele Musiker an, auch wegen der hauseigenen Konzerte und Modenschauen. Alle 304 Zimmer bieten eine atemberaubende Aussicht.

433 OSTEL HOSTEL BERLIN
Wriezener Karree 5
Friedrichshain ④
030 2576 8660
www.ostel.eu

Dieses Designhostel in der Nähe der berühmten East Side Gallery und der riesigen Mercedes Benz World führt Sie zurück in die DDR. Alles hier erinnert an die Zeit, als die Sowjets in Ostberlin das Sagen hatten, vom authentischen Plattenbau (siehe Hidden Secret 429) bis hin zur Inneneinrichtung und den Vintage-DDR-Memorabilien. Ostalgie pur.

434 MODERN BOAT
Auf dem See
Rummelsburg
Lichtenberg
0163 7372 509
www.welcome
beyond.com/property/
modern-boat

(Boots-)Haus in einem kleinen Hafen an der Spree in Rummelsburg mit einem herrlichen Blick aufs Wasser. Mit dem Auto oder der Straßenbahn sind es nur 10 Minuten bis zum angesagten Stadtteil Friedrichshain. Modernes Design, große Fenster, Kamin.

435 HOTEL-PENSION FUNK
Fasanenstr. 69
Charlottenburg ⑨
030 8827 193
www.hotel-pension
funk.de

Das 1895 erbaute Haus wurde durch seine prominente Bewohnerin, die Stummfilmschauspielerin Asta Nielsen, berühmt. Die schönen Jugendstilfenster und -decken sind gut erhalten. Ideal, wenn Sie kleine, preiswerte Hotels mit viel Charakter mögen.

Die 5 tollsten
BOUTIQUE-HOTELS

---

436 **DAS STUE**
Drakestr. 1
Tiergarten ⑧
030 3117 220
www.das-stue.com

Lieben Sie Design und suchen Sie eine komfortable Unterkunft mit lockerer Atmosphäre? Dann ist Das Stue genau das Richtige für Sie – wenn Sie es sich leisten können. Das elegante Restaurant Cinco wurde dank des katalanischen Meisterkochs Paco Pérez innerhalb eines Jahres nach seiner Eröffnung mit einem Michelin-Stern ausgezeichnet. Von den wunderschönen Zimmern bis hin zum freien Eintritt in den Zoo ist hier einfach alles perfekt.

437 **ACKSELHAUS & BLUE HOME**
Belforter Str. 21
Prenzlauer Berg ③
030 4433 7633
www.ackselhaus.de

Zwei Hotels in einem! Das Ackselhaus vermietet Apartments, das (teurere) Blue Home ist dagegen ein klassisches Hotel. Der Lärm des Großstadtdschungels bleibt draußen, und die Gäste können sich in dem schönen mediterran inspirierten Garten erholen. 120 Jahre altes, restauriertes Gebäude. Im Club del Mar gibt es ein ausgezeichnetes Frühstück.

438 SCHLOSSHOTEL BERLIN
Brahmsstr. 10
Grunewald
030 8958 430
www.schlosshotel
berlin.com

2014 kaufte der Modedesigner Patrick Hellman dieses Hotel. Er bewahrte den Charme der Zimmer – schließlich wurden sie in den Neunzigerjahren von Karl Lagerfeld gestaltet –, gab dem Hotel aber auch eine zeitgemäße Note. Eine Oase des Luxus und des guten Geschmacks. Verpassen Sie nicht die Zigarrenlounge mit dem Kamin.

439 THE MANDALA HOTEL
Potsdamer Str. 3
Mitte ①
030 5900 50000
www.themandala.de

Das Mandala Hotel gehört zwar zu einer Kette, hat aber einen eigenständigen, liebenswerten Charakter. Zentraler kann ein Hotel kaum liegen, hier treffen das ehemalige Ost- und Westberlin am Potsdamer Platz aufeinander. Angenehm und funktional eingerichtete Zimmer. Das Restaurant Facil hat zwei Michelin-Sterne.

440 THE DUDE
Köpenicker Str. 92
Mitte ①
030 4119 88177
www.thedude
berlin.com

Das kleine Luxus-Boutique-Hotel befindet sich in einem schönen privaten Stadthaus aus dem 19. Jahrhundert an der belebten Köpenicker Straße. Schick, aber gleichzeitig mit herzlicher und intimer Atmosphäre. Das hauseigene Steakrestaurant heißt Brooklyn Beef Club.

25 AKTIVITÄTEN FÜRS WOCHENENDE

5 tolle **RADTOUREN** —————————————— 234

5 großartige **PICKNICKPLÄTZE** ——————— 236

Die 5 schönsten **SEEN**
rund um Berlin ——————————————————— 238

Die 5 besten **WELLNESS-OASEN** ——————— 240

5 tolle Orte **AM WASSER** ———————————— 242

5 tolle
RADTOUREN

---

441 **ENTLANG DER BERLINER MAUER**
Mauer-Radweg

Der Mauer-Radweg verläuft entlang der gesamten ehemaligen Mauer. Sie können die gesamte Strecke von 174 Kilometern in einem Rutsch fahren oder zwischendrin übernachten. Der Weg ist ausgeschildert und in Abschnitte unterteilt, jeder Ausgangspunkt ist mit der Bahn oder der U-Bahn erreichbar. Für Kurzurlauber ist vielleicht eine Halbtagestour ratsam, wie sie in vielen Führern beschrieben ist.

442 **RUND UM DEN GRUNEWALD**

Nehmen Sie den Zug bis zum S-Bahnhof Grunewald und achten Sie dann auf die Beschilderung. Gemütliche Radtour durch den schattigen Wald über den Teufelssee bis zum historischen Wahrzeichen Grunewaldturm. Wer den Mut hat, ihn zu besteigen, wird mit einer herrlichen Aussicht belohnt.

443 RUND UM DEN MÜGGELSEE, MIT ETWAS DDR-NOSTALGIE

Der Große und der Kleine Müggelsee im Osten Berlins sind ideales Ziel für eine leichte Radtour. Nehmen Sie die S-Bahn (Sie können das Rad mit in den Zug nehmen oder eines vor Ort leihen) nach Friedrichshagen. Die Tour führt an vielen Biergärten und Eisdielen vorbei. Abendessen im wunderschönen ehemaligen DDR-Restaurant Müggelturm.

444 BIS NACH KOPENHAGEN

www.bike-berlin-copenhagen.com/de

Im Jahr 2010 stellte die Stadt Berlin den 671 Kilometer langen Radweg zwischen Berlin und Kopenhagen fertig. Nicht gerade ein Wochenendausflug, also besser im Voraus planen. Der Weg ist in drei Etappen unterteilt: die Brandenburger Etappe (ca. 150 km), die Mecklenburger Etappe (250 km) und die Dänische Etappe (300 km).

445 DURCH BRANDENBURG

www.reiseland-brandenburg.de/ aktivitaeten-erlebnisse/ aktiv-natur/radfahren/

Das ländliche Brandenburg ist leicht mit dem Auto oder öffentlichen Verkehrsmitteln zu erreichen. Nicht weniger als 7000 Kilometer Radwege führen Sie meist ohne große Steigungen zu den wichtigsten Natursehenswürdigkeiten des Landes. Auf der Website »Reiseland-Brandenburg« finden Sie viele Vorschläge für tolle Radtouren.

5 großartige
PICKNICKPLÄTZE

---

446 **THAIPARK**
Preußenpark
Brandenburgische
Straße
Charlottenburg ⑨

Vergessen Sie teure Reisen nach Thailand: hier gibt es thailändisches Straßenessen vom Feinsten! Jedes Wochenende verkaufen Thailänder auf der sogenannten Thai-Wiese im Preußenpark ihre hausgemachten Speisen, z. B. köstlichen Papayasalat. Genießen Sie die einzigartige asiatische Atmosphäre.

447 **VOLKSPARK FRIEDRICHSHAIN**
Am Friedrichshain 1
Friedrichshain/
Prenzlauer Berg ③

Berlins ältester Stadtpark. Ein Teil davon wurde während des Krieges von Bomben der Alliierten zerstört. Der Hügel im Park legt davon Zeugnis ab: Er heißt Mont Klamott, ist 78 Meter hoch und besteht aus Trümmern zerstörter Nazi-Bunker.

448 **INSEL DER JUGEND**
Treptower Park
Alt-Treptow 6
Alt-Treptow ⑤
030 8096 1850
www.inselberlin.de

Diese Spree-Insel im wunderschönen Treptower Park ist nur über eine kleine, romantische Brücke zu erreichen. Für alle, die keine Verpflegung eingepackt haben: Es gibt auch ein charmantes Restaurant und ein Café. Bei Kanuliebe können Sie alte Kanus und kleine Boote mieten – achten Sie auf das Schild.

449 **TEMPELHOFER FELD**
Neukölln ⑥

Die Berliner wehrten sich dagegen, den Tempelhofer Flughafen, der während Nationalsozialismus und des Kalten Krieges ein wichtige Rolle spielte, umgestalten zu lassen. Heute befindet sich hier der zweitgrößte Park der Stadt. Unter *www.picnic-berlin.com/tempelhofer-feld/* können Sie sich einen Picknickkorb zusammenstellen und im weiß-rot gestreiften Haus in der Oderstraße abholen.

450 **KÖRNERPARK**
Schierker Str. 8
Neukölln ⑥
030 5682 3939
www.körnerpark.de

Dieser eher kleine, für Neukölln untypische Park ist super gepflegt und perfekt für ein romantisches Picknick. Im kleinen Café können Sie sich einen Picknickkorb holen. Im Sommer jeden Sonntag ab 18 Uhr kostenlose Konzerte.

449 TEMPELHOFER FELD

Die 5 schönsten **SEEN** rund um Berlin

---

451 **GROSSER GLIENICKER SEE**
Potsdam

Etwas weiter von der Stadt entfernt, aber nicht nur wegen des extrem klaren Wassers, sondern auch wegen der beiden kleinen Inseln einen Besuch wert. Zwei Sandstrände und Bushaltestelle in der Nähe des Sees.

452 **SCHLACHTENSEE**
Steglitz-Zehlendorf

Einer der schönsten Seen Berlins. Der Schlachtensee am Rande des Grunewaldes gilt als Berlins sauberster See. Mit öffentlichen Verkehrsmitteln erreichbar und ideal zum Schwimmen oder Wandern. Und danach am besten auf ein kühles Bier in die Fischerhütte!

453 **MÜGGELSEE**
Treptow-Köpenick ⑤
www.spreearche.de

Berlins größter See, östlich von Köpenick gelegen, wird von der Spree gespeist. Der untere Teil – der Kleine Müggelsee – lädt zum Baden und Entspannen ein. Der Große Müggelsee ist ideal für eine Bootsfahrt (es gibt dort einen Bootsverleih). Perfekter Ort zum Abendessen ist die Spreearche, ein Blockhaus, das man nur mit der kleinen Fähre erreicht.

454 **SACROWER SEE**
Potsdam

Dieser wenig besuchte, aber saubere und schöne See ist etwas schwieriger zu erreichen. Es gibt nur einen richtigen Badeplatz, direkt neben dem Restaurant Landleben Potsdam.

455 **LIETZENSEE**
Charlottenburg ⑨

Der große Lietzensee kann wegen seiner Nähe zur Stadt ziemlich voll werden, ist aber trotzdem einen Besuch wert. Im wunderschönen ParkHaus Lietzensee können Sie an sonnigen Nachmittagen ein Eis essen.

455 LIETZENSEE

Die 5 besten
WELLNESS-OASEN

---

456 ENGLISH YOGA BERLIN
Görlitzer Str. 39
Kreuzberg ②
01514 1629 417
www.englishyoga berlin.com

Versteckt in einem ruhigen Innenhof finden Sie eines der charmantesten kleinen Yogastudios in Berlin. Tantra (dabei geht es nicht so sehr um Sex), queer-freundliches Vinyasa mit Juli und Hatha-Yoga mit Pinelopi.

457 VABALI
Seydlitzstr. 6
Mitte ①
030 9114 860
www.vabali.de

Nach nur einer Minute in diesem textilfreien Spa haben Sie die Stadt um sich herum völlig vergessen. Elf Saunen, verschiedene Pools und Ruheplätze, Wasserbetten in abgedunkelten Räumen und Massagen – hier können Sie einmal richtig abschalten und zur Ruhe kommen.

458 OSHO STUDIO
Schlesische Str. 38
Kreuzberg ②
0178 1685 222
www.oshomeditation studio.com

Spezialisiert auf Meditation, Tanz, Pilates und Körperaktivierung. Das Studio ist im Hof einer ehemaligen Mühle untergebracht. Der Raum verfügt über eine gefederte Tanzfläche, hohe Decken und große Fenster an beiden Seiten. Die offenen Meditationskurse sind sehr beliebt und überraschend günstig.

459 **LIQUIDROM**
Möckernstr. 10
Kreuzberg ②
030 2580 07820
*www.liquidrom-
berlin.de*

Vier Saunen. In dem Innenhof mit den kleinen Salzbecken können Sie sich massieren lassen oder einfach nur entspannen. Highlight ist das abgedunkelte Salzwasserbecken in einem Kuppelsaal mit gedämpften Licht und ozeanischen Klängen.

460 **HAMAM**
Frauenzentrum
Schokoladenfabrik
Mariannenstr. 6
Kreuzberg ②
030 6151 464
www.hamamberlin.de

Dieses kleine türkische Bad in der Schokolandenfabrik gehört zum Frauenzentrum. 1988 wurde es als erstes Hammam Deutschlands eröffnet. Es reinigt nicht nur Körper und Seele, sondern ist auch Treffpunkt verschiedener Kulturen und Altersgruppen. Nur für Frauen.

459 LIQUIDROM

5 tolle Orte
AM WASSER

---

461 SEEBAD FRIEDRICHSHAGEN
Müggelseedamm 216
Treptow-Köpenick ⑤
030 6455 756
www.seebad-friedrichshagen.de

Der Blick auf den Müggelsee ist einfach fantastisch. Springen Sie vom breiten hölzernen Pier und schwimmen Sie zurück zum Strand, um dort in einem der vielen Liegestühle eine Margarita zu schlürfen. Verleih mit verschiedenen Booten und Flößen.

462 KRANHAUS CAFÉ
Paul-Tropp-Str. 11
Treptow-Köpenick ⑤
030 6396 7680
www.kranhaus berlin.com

DDR-Kranhaus von 1967. Architektin Ana Gruden hat den Wohnbereich über dem Café und die eigentliche Bar, die auch ein Veranstaltungsraum ist, wunderbar umgestaltet. Atemberaubender Blick auf den Fluss.

463 ANKERKLAUSE
Kottbusser Damm 104
Kreuzberg ②
030 6935 649
www.ankerklause.de

Dieses ehemalige Bootshaus am Spreekanal in der Nähe des Türkenmarktes hat maritimes Flair. Die Einrichtung von Restaurant und Bar ist kitschig, aber gemütlich. Von den beiden Terrassen aus kann man herrlich den Sonnenuntergang genießen.

464 **YAAM**
An der
Schillingbrücke 3
Friedrichshain ④
030 6151 354
www.yaam.de

Das Yaam (kurz für Young and African Arts Market) ist eine ungewöhnliche Mischung aus Club und Strandbar (eine der ältesten in Berlin). Hier finden auch Konzerte statt (vor allem Reggae und Weltmusik). Die perfekte Multikulti-Chill-Out-Location.

465 **FREISCHWIMMER**
Vor dem
Schlesischen Tor 2a
Friedrichshain ④
030 6107 4309
www.freischwimmer-berlin.com

Dieser ehemalige Bootsverleih mit Werkstatt wurde in ein angesagtes Restaurant umgewandelt. Fantastischer Blick auf das Wasser und die Arena am gegenüberliegenden Ufer. Sehr beliebt, obwohl nicht leicht zu finden (ein Tipp: nur 100 Meter hinter der ARAL-Tankstelle!). Perfekt für einen Sonntagsbrunch.

465 FREISCHWIMMER

35 WISSENSWERTE DINGE UND UNNÜTZE DETAILS

---

5 coole **BERLINER BLOGS** —————— 246

5 berühmte **BERLINER REDEN** —————— 248

5 **BÜCHER,** *in denen sich alles um Berlin dreht* — 250

5 **FERNSEHSERIEN**
mit in Berlin gedrehten Szenen —————— 252

5 *Orte mit einer Verbindung zu*
DAVID BOWIE —————————————— 254

5 *perfekte* **SOUNDTRACKS** *für Berlin* —————— 256

5 **BERLINER PERSÖNLICHKEITEN** ——— 258

5 *coole*
BERLINER BLOGS

---

466 **CEE CEE**
www.ceecee.cc

Cee Cee startete 2011 als Newsletter für Freunde und ist nun Berlins meistgelesener Blog. Immer am Puls der Zeit, wenn es um Berliner Kultur und Lifestyle geht. Die beste Seite, um sich über die neuesten Hotspots zu informieren.

467 **ASK HELMUT**
https://askhelmut.com/berlin

Helmut (eigentlich Beat Halberschmidt) stammt aus Berlin, ist aber, zusammen mit seinem Team, zu mittlerweile sechs deutschen Großstädten mit seinen Ask-Helmut-Websites tätig. Fragen Sie Helmut z. B. danach, was gerade im Bereich Tanz und Theater auf dem Programm steht. Die Website (deutsch und englisch) ist einfach zu bedienen und immer auf dem neuesten Stand. – Toller Typ, dieser Helmut.

468 **FINDING BERLIN**
www.findingberlin.com

Dieser Blog über Berlin und seine kulturelle und urbane Vielfalt wurde von Sara ins Leben gerufen. Sie wollte die Stadt verlassen und den Rest des Planeten kennenlernen. Doch vorher wollte sie noch wissen, warum so viele Menschen Berlin lieben – sie aber nicht. Sie hat herausgefunden, dass es letztlich nur um die Einstellung geht – und sich in ihre Heimatstadt verliebt, indem sie sie mit den Augen anderer Leute betrachtet hat.

469 **THE NEEDLE**
www.needleberlin.com

»Die Nadel«, der allgegenwärtige Fernsehturm am Alexanderplatz ist Berlins bekanntestes Wahrzeichen, aber der Name dieses Blogs bezieht sich auch auf das scharfe Auge seines Autors, des Historikers Joseph Pearson. Perfekt, wenn Sie nach ausführlichen Beiträgen zur Geschichte Berlins oder zur Berliner Kulturszene suchen. (Mit Schwerpunkt auf Theater, da Pearson auch Essayist und Blogger der Schaubühne ist.)

470 **STIL IN BERLIN**
www.stilinberlin.de

Vor einem Jahrzehnt widmete sich Mary Sherpe noch ganz dem Berliner Streetstyle, mittlerweile befasst sie sich auch mit Essen, Kunst und Lifestyle. Dank Sherpes schönen Fotos und ihrem ansprechenden Schreibstil wird der Blog immer beliebter.

5 berühmte
BERLINER REDEN

---

471 J. F. KENNEDY
John-F.-Kennedy-Platz
Schöneberg ⑦
26. Juni 1963

»Die Freiheit ist unteilbar, und wenn auch nur einer versklavt ist, dann sind nicht alle frei. Aber wenn der Tag gekommen sein wird, an dem alle die Freiheit haben und Ihre Stadt und Ihr Land wieder vereint sind, wenn Europa geeint ist und Bestandteil eines friedvollen und zu höchsten Hoffnungen berechtigten Erdteiles. (…) Alle freien Menschen, wo immer sie leben mögen, sind Bürger dieser Stadt West-Berlin (…).«

472 MARTIN LUTHER KING
Waldbühne
13. September 1964

»Während wir uns gerade mitten in einem Versuch des Zusammenlebens der Rassen trotz ihrer Unterschiede wiederfinden, testen Sie die Möglichkeit einer Koexistenz der beiden Ideologien, die um die Weltherrschaft konkurrieren. Wenn es je ein Volk gab, das sein Schicksal beständig genau beobachten sollte, dann sind es die Menschen in Berlin, Ost und West.«

473 BRUCE SPRINGSTEEN
Konzert in Weißensee
19. Juli 1988

Die Freie Deutsche Jugend (FDJ), der Jugendarm der Kommunistischen Partei, hatte Springsteen eingeladen, um die zunehmend aufmüpfige Jugend zu besänftigen. 300 000 Ostdeutsche besuchten das Konzert. Springsteen sagte:»Ich bin nicht für oder gegen eine Regierung, ich bin gekommen, um Rock'n'Roll für euch zu spielen, in der Hoffnung, dass eines Tages alle Barrieren abgerissen werden.« 16 Monate später fiel die Mauer.

474 KLAUS WOWEREIT
Regierender Bürgermeister von Berlin in einem Fernsehinterview
2004

»Berlin ist arm, aber sexy.« Mit diesen Worten wollte der schwule Bürgermeister von Berlin Kreative in seine Stadt locken. Es funktionierte: Berlins günstige Mieten und sein reiches kulturelles Angebot trugen zum schnellen Wachstum der Start-up-Szene bei (man denke nur an Soundcloud oder Zalando). Laut *The Local* wird hier alle 20 Minuten ein neues Start-up gegründet und bis 2020 sollen so 100 000 neue Arbeitsplätze entstehen.

475 RONALD REAGAN
Brandenburger Tor, vor der Berliner Mauer
12. Juni 1987

»Generalsekretär Gorbatschow, wenn Sie Frieden suchen, wenn Sie Wohlstand für die Sowjetunion und Osteuropa suchen, wenn Sie Liberalisierung suchen, kommen Sie hier zu diesem Tor. Herr Gorbatschow, öffnen Sie dieses Tor. Herr Gorbatschow, reißen Sie diese Mauer nieder!«

5
BÜCHER, *in denen sich alles um Berlin dreht*

---

476 **BERLIN: IMAGINE A CITY**
RORY MACLEAN, 2014
www.rorymaclean.com/books/berlin

Memoir, Geschichtsbuch und Fiktion zugleich. Der Reiseschriftsteller Rory MacLean besuchte Berlin erstmals 1978, als er mit David Bowie und Marlene Dietrich an dem Film *Schöner Gigolo, armer Gigolo* arbeitete. Er verliebte sich sofort in die Stadt. Das Buch versammelt ausgewählte Berliner Persönlichkeiten aus fünf Jahrhunderten.

477 **EINE FRAU IN BERLIN**
MARTA HILLERS, 1959

Autobiografischer Bericht einer 34-jährigen Journalistin aus der Zeit ab dem 20. April 1945, dem Tag, an dem der Krieg nach Berlin kam. Der fesselnde Bericht endet am 22. Juni desselben Jahres. Die Autorin beschreibt ihr Leben in einer Stadt im Untergang, die von der russischen Armee geplündert wird. Bei seiner Veröffentlichung war es in Deutschland sehr umstritten.

478 **LEB WOHL, BERLIN**
CHRISTOPHER
ISHERWOOD, 1939

Christopher Isherwood (1904–1986) war ein angloamerikanischer Schriftsteller, der 1929 nach Berlin zog. Er wurde angelockt vom aufregenden Klima der Stadt in der Weimarer Zeit mit ihren scheinbar grenzenlosen (sexuellen) Möglichkeiten für einen schwulen Schriftsteller. Das Musical *Cabaret* basiert zum Teil auf *Leb wohl, Berlin*.

479 **FINALE IN BERLIN**
LEN DEIGHTON, 1964

Perfekter, fesselnder Spionageroman und Chronik der Sechzigerjahre. Die Hauptfigur, ein britischer Spion in Berlin, versucht, einen russischen Topwissenschaftler in den Westen zu schleusen.

480 **WIR KINDER VOM BAHNHOF ZOO**
CHRISTIANE F., 1978

Autobiografie von Christiane F. (Christiane Vera Felscherinow). Schockierende Geschichte einer jugendlichen Heroinsüchtigen in Westberlin. Das Buch, an deutschen Schulen lange Zeit Pflichtlektüre, ist auch heute noch vielen eine Warnung. Der Film, in dem David Bowie mit *Heroes* zu sehen ist, wurde 1981 von Bernd Eichinger produziert und war ein großer Erfolg.

5
FERNSEHSERIEN
mit in Berlin gedrehten Szenen

---

481 SENSE8
2015–2016

In dieser von J. Michael Straczynski und den Wachowskis kreierten Serie entdecken acht Fremde (darunter auch der Berliner Schauspieler Max Riemelt), die an verschiedenen Orten der Welt leben, dass sie miteinander verbunden sind, ohne zu wissen, warum. Allmählich wird ihnen klar, dass sie »sensates« sind: geistig und emotional miteinander verbundene Menschen. Die Szenen, die in Berlin spielen, wurden vor Ort und im Studio Babelsberg gedreht.

482 DEUTSCHLAND 1983
2015

Das deutsch-amerikanische Ehepaar Anna und Jörg Winger kreierte diese Miniserie mit acht Folgen für RTL. Die Geschichte spielt 1983, als die Welt am Rande eines Atomkriegs und Deutschland im Zentrum der Eskalation zwischen der NATO und der Sowjetunion stand. Teile der Serie wurden im Stasi-Museum gefilmt.

483 **BERLIN STATION**
2016
www.berlinstation.com

Diese ausgezeichnete Fernsehserie verfolgt den Werdegang des CIA-Agenten Daniel Miller (Richard Armitage), der an den CIA-Außenposten Berlin versetzt wird. Aber der eigentliche Star der Serie ist ohne Zweifel die Stadt. Die meisten Szenen wurden vor Ort in Berlin und Potsdam sowie im Filmstudio Babelsberg gedreht.

484 **TRANSLANTICS**
2015

Ob die Webserie der Digitalkünstlerin Britta Thie Satire oder Nabelschau ist, wird nie ganz klar – sie zeigt aber in jedem Fall interessante Einblicke in die oft oberflächliche Berliner Start-up- und Hipsterszene. Gedreht in New York und in Berlin.

485 **IM ANGESICHT DES VERBRECHENS**
2010

Diese hochgelobte, vielschichtige und rasante Fernsehserie (zehn Folgen) dreht sich um die russische Mafia in Berlin. Es geht um Macht, Menschenhandel und die komplizierten Verstrickungen innerhalb von Verbrechersyndikaten. Max Riemelt spielt eine der Hauptrollen.

5 Orte mit einer Verbindung zu
DAVID BOWIE

---

486 PARIS BAR
Kantstr. 152
Charlottenburg ⑨
030 3138 052
www.parisbar.net

David Bowie lebte von 1976 bis 1979 in Berlin in der Hoffnung, seine Kokainsucht loszuwerden. Er und Iggy Pop hingen gerne in der stilvollen Pariser Bar am Savignyplatz herum, die bei Künstlern und Medienleuten immer noch beliebt ist. Das berüchtigte *Rolling-Stone*-Interview, das mit dem aus der Bar kriechenden Iggy endete, fand hier statt.

487 HANSA STUDIOS
Köthener Str. 38
Kreuzberg ②
030 2649 5330
www.hansastudios.de

In diesem Tonstudio schrieb Bowie den Song *Heroes* und nahm drei seiner besten Alben auf: *Low* (1977), *Heroes* (1977) und *Lodger* (1979). Man sagt, dass Bowie diese Trilogie später als seine »DNA« betrachtete. U2, Nick Cave, Depeche Mode, The Kooks, Travis … sie alle haben mit Hansa gearbeitet. Führungen nach Voranmeldung möglich.

488 **HAUPTSTRASSE 155**
Schöneberg ⑦

In dieser Wohnung wohnte Bowie zusammen mit Iggy Pop. Seit Bowies Tod im Januar 2016 setzten sich viele Menschen für eine Änderung des Straßennamens zu Bowiestraße ein. Fritz Music Tours (*www.musictours-berlin.com*) bietet Stadtrundgänge mit Zwischenstopp in den Hansa Studios und der Wohnung an.

489 **POTSDAMER PLATZ**
Mitte ①

In den Dreißigerjahren war er der belebteste Platz Berlins, in den Siebzigerjahren wurde er zu einem leeren Niemandsland zwischen Ost und West, umgeben von DDR-Wachtürmen. Heute ist er Einkaufszentrum mit Geschäften, Kinos und dem Flagship-Sony-Centre. Diese Entwicklung zeichnete Bowie in seiner Comeback-Single *Where are we now?* von 2013 nach.

490 **BRÜCKE-MUSEUM**
Bussardsteig 9
Dahlem
030 8312 029
www.bruecke-museum.de

Coco, Bowies fürsorgliche Assistentin, zeigte ihm dieses Museum, das nach der Künstlergruppe »Die Brücke« benannt wurde: Ernst Ludwig Kirchner, Fritz Bleyl, Erich Heckel und Karl Schmidt-Rottluff. Bowie liebte die raue Malweise der Expressionisten und ihre Melancholie. Die Werke bewegten ihn tief.

5 perfekte
SOUNDTRACKS
für Berlin

---

491 LOU REED
BERLIN, 1973

Lou Reeds drittes Solo-Album wurde von der Berliner Atmosphäre der Siebzigerjahre inspiriert, von Menschen wie Isherwood und Marlene Dietrich und von Filmen wie *Nosferatu*. Das Konzeptalbum ist eine Rockoper über ein Pärchen auf dem Weg in seinen Untergang. Über fast 50 Minuten beschäftigt sich Reed mit Themen wie Prostitution, Selbstmord, Drogen, Depression und häusliche Gewalt. Weit entfernt von Tanzwahn und Eskapismus der Neunzigerjahre nach dem Fall der Mauer.

492 DAVID BOWIE
HEROES, 1977

Der Blick aus der Tonregie des Hansa Studios auf zwei Liebende, die sich vor der Mauer küssen, inspirierte Bowie zum Titelsong seines Albums *Heroes* – das zweite Album der sogenannten »Berliner Trilogie«, die er zusammen mit Brian Eno schrieb. *Low* wurde einige Monate zuvor veröffentlicht, *Lodger* 1979.

493 **RAMMSTEIN**

Auch wenn man bei Berlin als Erstes an Techno denkt: Die Stadt hat noch viel mehr zu bieten. 1994 gründeten sechs Ossis Rammstein, eine einzigartige Metalband, die mit Themen wie Tod, Bondage, Fetischismus und Kannibalismus flirtet. Eine der wenigen deutschen Gruppen, die in ihrer Muttersprache singend die Welt erobert haben.

494 **SEEED**
DICKES B, 2001

Seeed steht für die Berliner Musikszene der 2000er-Jahre: Multikulti, Spaß und Urbanität. Die Band besteht aus elf Musikern, die eine Mischung aus Dancehall, Reggae, Dub-Ska und Hiphop spielen. Sie arbeiten oft mit internationalen Musikern zusammen, z. B. Cee-Lo. Einer der größten Hits von Seeed war *Dickes B*, eine Ode an Berlin.

495 **PAUL KALKBRENNER (MIT FRITZ KALKBRENNER UND SASCHA FUNKE)**
BERLIN CALLING, 2008

Soundtrack zum Film *Berlin Calling* aus dem Jahr 2008 von Hannes Stöhr. In dem Film geht es um einem DJ, der mit seinem Manager und seiner Freundin rund um den Globus tourt. Am Vorabend des Erscheinens seines größten Albums wird er nach einer Überdosis in eine psychiatrische Klinik eingeliefert. Paul Kalkbrenner spielte die Hauptrolle in dem Film, der die Berliner Technoszene (und den damit verbundenen Drogenmissbrauch) realistisch wiedergibt.

5
BERLINER PERSÖNLICHKEITEN

---

496 **ALEXANDER VON HUMBOLDT**
1769 – 1859

F. W. H. Alexander von Humboldt war der Bruder des preußischen Ministers, Philosophen und Sprachwissenschaftlers Wilhelm von Humboldt. Er war Geograf, Naturforscher und Entdecker und zu seinen Lebzeiten einer der berühmtesten Männer Europas. Er schrieb über Botanik, Zoologie, Astronomie, Mineralogie und vieles mehr. Die Humboldt-Universität zu Berlin wurde nach ihm benannt (und nach seinem Bruder Wilhelm, der sie gründete).

497 **ANITA BERBER**
1899 – 1928

Sie verkörpert die Goldenen Zwanzigerjahre in Berlin: sexuelle Befreiung, Kreativität, Unabhängigkeit und Drogen. Anita Berber war die erste Nacktänzerin der Stadt. Ihre Auftritte brachen Tabus, ihre offene Bisexualität und Drogenabhängigkeit waren ein Skandal. Otto Dix malte ein schönes Porträt von ihr. Die drogenabhängige und an Syphilis leidende Anita Berber starb jung an Tuberkulose.

498 **KÄTHE KOLLWITZ**
1867 – 1945
Käthe-Kollwitz-
Museum
Fasanenstr. 21
Charlottenburg ⑨

Die Bildhauerin, Malerin und Pazifistin Käthe Kollwitz ist vor allem für ihre Darstellungen sozialer Probleme der Armen bekannt. Kollwitz verbrachte einen großen Teil ihres Lebens in einer bescheidenen Wohnung auf dem nach ihr benannten Platz. Sie verlor einen Sohn im Ersten Weltkrieg und einen Enkel im Zweiten Weltkrieg. Eine vergrößerte Kopie ihrer Pietà ziert heute die Neue Wache.

499 **MARLENE DIETRICH**
1901 – 1992

Marlene Dietrich war Schauspielerin und Sängerin in den Goldenen Zwanzigern. Als die Nazis in den 1930er-Jahren ihren Siegeszug antraten, wählten Dietrich und viele andere Künstler und Intellektuelle das Exil. Sie kam nie wieder in ihre Heimatstadt zurück.

500 **SVEN MARQUARDT**
GEBOREN AM
3. FEBRUAR 1962

Marquardt ist der legendäre und manchmal gefürchtete Türsteher des Technotempels Berghain. In seinen 2014 erschienenen Memoiren *Die Nacht ist Leben* schreibt er über sein Leben im Ostdeutschland der Achtzigerjahre und setzt es in Bezug zur Technoszene der Zeit. Marquardt ist außerdem Fotograf, wobei er ausschließlich analoge Kameras und natürliches Licht verwendet.

REGISTER

://about blank	109	Badeschiff	110	Bryk	76
25hours Hotel Bikini Berlin	224	Ballhaus Berlin	93	Bücherbogen am Savignyplatz	135
33rpm Store	131	Bar Bobu	88	Buck and Breck	72
48 Stunden Neukölln	209	Bar jeder Vernunft	200	Burrito Baby	43
893 Ryotei	48	Bar Sodom & Gomorra	114	Bürsten-Schröder	156
Absinth Depot	157	Bar Tausend	111	Cache Cœur	142
Ackselhaus & Blue Home	230	Bar Zentral	75	Café am Neuen See	54
		Barbie Deinhoff's	86	Café BilderBuch	99
Admiralbrücke	162	Baumhaus Bar	76	Café Buchwald	90
Adrià de Yzaguirre	187	Bearpit Karaoke	117	Café Hygge	79
Aeyde	149	Bebop	106	Café Morgenrot	46
Agora	177	Belyzium	137	Café Mugrabi	46
Ahoy! Berlin	178	Benedict	47	Café Strauss	77
Al Contadino Sotto le Stelle	41	Bergterrasse Marienhöhe	55	Café Sybille	91
Alaska Bar	75	Berlin Biennale	209	Café-Restaurant Wintergarten im Literaturhaus	36
Alexanderplatz	204	Berliner Unterwelten	180		
Almodóvar Hotel	225	Berlinale	208	Cake Club	114
Altes Europa	28	Berlinische Galerie	192	Camaro Foundation	184
Amodo	140	Besenkammer-Bar	83	Camera Work	185
Anabela's Kitchen	29	Betahaus	177	Chairs	127
Andel's Hotel Skykitchen	95	Beth Café	75	Charlottchen	220
		Bierhof Rüdersdorf	102	Charlottenburg, Schlossgarten	165
Andreas Murkudis	126	Bistro Bardot	42		
Andy MA	186	Bite Club	61	Chén Chè Teehaus	90
Anita Berber	84	Bjuice	101	Clärchens Ballhaus	92
Ankerklause	242	Blumencafé	156	Club der Visionaere	115
Another Country	135	Bonanza Coffee Roasters	78	Club Kaffee Burger	114
Antik- und Buchmarkt am Bode-Museum	166			Cô Cô bánh mì deli	56
		Bourbon Dogs	85	Contemporary Tango Festival	107
Apartment Berlin	145	Boxhagener Platz, Wochenmarkt	63		
Arkonaplatz, Trödelmarkt	166			Cookies Cream	42
		Britzer Garten	212	Cordobar	97
Audio-In	132	BRLO Brwhouse	49	Crackers	58
Aunt Benny	50	Brücken der Museumsinsel	162	Cuore di Vetro	216
b-flat	89			Dada Falafel	64
Babylon	202	Brunnenmarkt im Wedding	61	Dae Mon	53

Daluma	100	
Darklands	147	
Das Hotel (Club)	110	
Das Stue	230	
Das Walzerlinksgestrickt	107	
David Bowie	254, 255	
Deck5	94	
Defne	66	
Denkmal Sinti und Roma	174	
Deponie Nº3	83	
Designpanoptikum	196	
Deutsche Oper Berlin	200	
Die Henne Berlin	82	
Diener Berlin	28	
Distrikt Coffee	98	
Doubleeye	80	
Dreizwei Berlin	129	
Dschungel	93	
DSTM	146	
East Side Gallery	173	
Egon Brandstetter	147	
Ehem. Stummfilmkino Delphi	200	
Eigen + Art	190	
Eisbox	217	
Ejsmont & Fenris	187	
Emma & Paul Familiencafé	220	
English Yoga Berlin	240	
Erfinderladen	136	
ErsteSahne-OTIVM	91	
Esmeraldas Inka Café	216	
Eschenbräu	102	
ESDIP Berlin	177	
F40 Theatre	206	
Facil	34	
Fairy Tale	72	
Fantasia Spielzeug	221	
Father Carpenter Coffee Brewers	79	
Fein und Ripp	148	
Fernsehturm	171	
Fisch sucht Fahrrad	92	
Five Elephant	81	
Fleischerei	39	
Fleischerei Domke	39	
Foreign Affairs Festival	198	
Francucci	41	
Frau Tonis Parfum	130	
Freibad Plötzensee	215	
Freischwimmer	243	
Friedrichsfelde, Zentralfriedhof	170	
Fuchs & Elster	110	
Funk You	100	
Fusion Festival	198	
Galerien Potsdamer Straße	191	
Gallina-Vineria Bar	97	
Gärten der Welt	163	
Gedenkstätte Berliner Mauer	181	
Gedenkstätte Deutscher Widerstand	174	
Generator	226	
Georg Kolbe Museum	192	
Geyersbach	138	
Glencheck	142	
Glienicker Brücke	160	
Godshot	99	
Goltzstraße	155	
Goodies	101	
Gorgeous	151	
Green Fashion Tour	179	
Green Mango	116	
Grenzwachturm	181	
Grill Royal	38	
Großer Glienicker See	238	
Grosz	58	
Hackescher Markt	204	
Hafenbar Berlin	116	
Hallesches Haus	140	
Hallmann & Klee	37	
Hamam	241	
Hamburger Bahnhof	193	
Hammers Weinkostbar	97	
Hangar 49	88
Happy Baristas	78
Hasir	67
HAU	207
Haus am Waldsee	191
Haus Schwarzenberg	172
Hautnah Berlin	152
Heckmann-Höfe	184
Hexenspielplatz	212
Honça	66
Hopfenreich	103
Hotel de Rome	31
Hotel-Pension Funk	229
House of Small Wonder	36
House of Weekend	95
Hugos	31
Humana	142
Hummus and Friends	64
Hüttenpalast	225
I Am Delicious	51
ImageMovement	136
Imren Grill	33
In Cibus	40
Insel der Jugend	236
Insomnia	107
Internationales Literaturfestival	209
Intershop2000	137
Isabel Vollrath	146
J-Store	221
J&V Finest Industrial Vintage Furniture	128
Jones Ice Cream	217
Jubel	51
Jüdisches Museum	184
Jugend Museum Schöneberg	218
Käfer	30
Kanaan	65
Karl-Augustplatz	63
Karl-Marx-Allee	171
Kaschk	79
Kater Blau	109
Kin Dee	35

Kindergalerie im Bode-Museum	219	
Kimchi Princess	52	
Kinderbad Monbijou	215	
Kino Central	202	
Kino International	203	
Kisuna	136	
KitKatclub	109	
Kleine Nachtrevue	113	
Klo Bar	77	
Klunkerkranich	94	
Kollwitzmarkt	62	
Konk/Mitte	122	
Kopps	45	
Korean Food Stories	52	
Körnerpark	237	
Kranhaus Café	242	
Kreuzburg	172	
Kuboraum	157	
Labyrinth Kindermuseum	219	
Lala Berlin	122	
Large Divided Oval	176	
Lavanderia Vecchia	41	
Le Petit Royal	35	
Leopoldplatz, Flohmarkt	167	
Lesbisch-schwules Stadtfest	198	
Let Them Eat Cake	141	
Lichtblick-Kino	202	
Liesenstraße	183	
Lietzensee	239	
Liquid Garden Berlin	100	
Liquidrom	241	
Lode & Stijn	49	
Lollapalooza	197	
Lon-Men's Noodle House	57	
Long March Canteen	56	
Lucid	115	
Lucky Leek	44	
Lust Bar	96	
Lutter & Wegner	38	
Machmit!	219	
Mangelwirtschaft	93	
Marheineke Markthalle	61	
Markthalle 9	60	
Mauer (Asisi-Panorama)	183	
Mauerpark	204	
Mauerpark, Flohmarkt	166	
Max und Moritz	29	
Maxim Gorki Theater	207	
me Collectors Room – Stiftung Olbricht	193	
Meinblau Projektraum	191	
Melody Nelson	73	
Melting Point Record Store	131	
Michaela Binder	144	
Michelberger Hotel	224	
Mietskasernen im Wedding	185	
Mimi	141	
Mister B	152	
Mmaah	53	
Mo's Kleiner Imbiss	64	
Möbel-Olfe	87	
Modern Boat	229	
Modersohnbrücke	162	
Momos	43	
Monbijou Hotel	95	
Monster Ronson's Ichiban Karaoke	116	
Moon Berlin	123	
Moviemento	203	
Mr. Minsch	51	
Müggelsee	238	
Mullackstraße	153	
Museum Berggruen	196	
Museum der Dinge	194	
Museum für Fotografie	193	
Natur-Park Südgelände	165	
Neni	30	
Neue Odessa Bar	84	
nhow Berlin	228	
Nice! Urban Footwear	149	
Nobelhart & Schmutzig	34	
Noka Korea Karaoke	117	
Nola's am Weinberg	54	
Nordische Botschaften	37	
Nowkoelln Flowmarkt	167	
Oberbaumbrücke	160	
Objets Trouvés	127	
Ocelot	133	
of/Berlin	130	
Oh! Calcutta	111	
Oishii Hot Dog	33	
Onkel Philipp's Spielzeugwerkstatt	221	
Oona Galerie	143	
ORA	59	
Original in Berlin	128	
Osho Studio	240	
Osmans Töchter	66	
Ostel Hostel Berlin	229	
Other Nature	151	
Ottorink	96	
Oukan	124	
OYE Records	131	
Park am Gleisdreieck	213	
Pastel	50	
Pauly Saal	59	
Pension 11. Himmel	227	
Peter Aurisch	187	
Picknickplätze	236, 237	
Pierre Boulez Concert Hall	199	
Plänterwald	212	
Populus Coffee	81	
Potsdamer Straße	191	
Prachtwerk	88	
Prince Charles	108	
Prinzessinnengärten	205	
Prinzipal	112	
Propeller Island City Lodge	228	
Puppentheater-Museum	218	
Quasimodo	89	
Queere Tour	180	
Quite Quiet	144	

Radialsystem V	207	
Radtouren	234, 235	
Ramones-Museum	196	
Raum B	135	
RAW-Gelände	172	
Rawtastic	45	
Redcat 7	145	
REDWOOD Bar Berlin	73	
Reinstoff	34	
René Talmon l'Armée	143	
Restaurant 1990	36	
Roses Bar	87	
S7-Store	138	
Sabzi	32	
Sachsenhausen-Tour	179	
Sacrower See	239	
Sale e Tabacchi	40	
Salon zur Wilden Renate	108	
Sammlung Boros	190	
Sankt Oberholz	98	
Schaubühne	206	
Schlachtensee	238	
Schlosshotel Berlin	231	
Schoemig Porzellan	129	
Schoenbrunn	55	
Schwarzer Reiter	151	
Schwarzes Café	84	
Schwules Museum	194	
Seebad Friedrichshagen	242	
Silo Coffee	46	
Silverfuture	86	
Singer109	227	
Soho House Berlin	224	
Solar	30	
Solebox	150	
Sommerbad Pankow	214	
Sophieneck	28	
Sowjetisches Ehrenmal Treptow	174	
SOY	45	
Spiegelsaal	199	
Stadtbad Mitte »James Simon«	214	
Standert Bicycles	130	
Stasimuseum	170	
Stereoki	148	
Stickabush	149	
Stokx Shop+Studio	122	
Strandbad Wannsee	214	
Strandbar Mitte	85	
Street Art Workshop & Tour	180	
Street Food auf Achse	60	
Suarezstraße	155	
Tadshikische Teestube	91	
Tangoloft	106	
Tanz im August	208	
TAZ	173	
Tempelhofer Feld	237	
Thai-Park	236	
The Barn	80	
The Black Lodge	74	
The Circus Hotel	226	
The Corner	124	
The District Six Store	140	
The Dude	231	
The Grand	59	
The Mandala Hotel	231	
Thone Negrón	123	
Tier	74	
Tiergartenquelle	83	
TO.mTO	145	
Tom's Bar	86	
Tomasa Villa	47	
Topographie des Terrors	183	
Torstraßen Festival	197	
Tränenpalast	171	
Très Bonjour	157	
Trüffelschwein Berlin	147	
Tukadu	144	
Tulus Lotrek	48	
Türkischer Markt	63	
TYPE HYPE	126	
Unicorn	178	
Ushido	38	
Vabali	240	
Vagabund	103	
Valentin Hirsch	186	
Vaudeville Variety Burlesque Revue	113	
Vaust Braugaststätte	44	
Vegan Tiger	43	
Velvet Leaf	57	
Victoria Bar	73	
Viktoria/Goldelse	176	
Viktoriapark	163	
Vintage Living	127	
Vinyl-a-GoGo	132	
Volkspark Friedrichshain	236	
VooStore	126	
Waldhochseilgarten Jungfernheide	213	
Wale Café	99	
Warschauer Straße	205	
Weinblatt	67	
Weißensee, Jüdischer Friedhof	165	
Westberlin	80	
Winterfeldtmarkt	62	
Wintergarten	112	
Wirtshaus zur Pfaueninsel	55	
Witty's	33	
Wombat's City Hostel Berlin	227	
Woop Woop Ice Cream	216	
Wühlischstraße	153	
Würgeengel Bar	76	
Yaam	243	
Yam Yam	53	
Yarok	32	
Zabriskie	133	
Zeha Berlin	150	
Zenkichi	56	
Zola	48	
Zollpackhof	102	
Zula	65	
Zum starken August	113	
Zur Quelle	82	

IMPRESSUM

DEUTSCHE AUSGABE © 2019 BRUCKMANN VERLAG GMBH, MÜNCHEN
AUTORIN — Nathalie Dewalhens — www.nathaliedewalhens.com
FOTOS — Philipp Bögle — www.philippboegle.com
COVERFOTO — Strandbar Mitte (Hidden Secret 135)
LAYOUT — Joke Gossé und Tinne Luyten
DEUTSCHE ÜBERSETZUNG — Stefanie Adam
PROJEKTLEITUNG — Ulrich Jahn
LEKTORAT UND SATZ — Stefanie Adam
KORREKTORAT — Sabine Tönnies
HERSTELLUNG — Alexander Knoll

Printed in Slovenia by Florjancic

ISBN 978-3-7343-1282-3
© 2016, Luster, Antwerpen, 3. Nachauflage: September 2018
www.the500hiddensecrets.com

Quellennachweis deutsche Übersetzungen Zitate:
J. F. Kennedy (S. 248): https://www.berlin.de/berlin-im-ueberblick/geschichte/artikel.453085.php
Bruce Springsteen (S. 249): http://www.spiegel.de/einestages/legendaere-konzerte-a-947366.html
Ronald Reagan (S. 249): https://de.wikipedia.org/wiki/Tear_down_this_wall!

Alle Angaben dieses Werkes wurden von den Autoren sorgfältig recherchiert und auf den neuesten Stand gebracht sowie vom Verlag geprüft. Für die Richtigkeit der Angaben kann jedoch keine Haftung übernommen werden. Sollte dieses Werk Links auf Webseiten Dritter enthalten, so machen wir uns die Inhalte nicht zu eigen und übernehmen für die Inhalte keine Haftung.

Sind Sie mit diesem Titel zufrieden? Dann würden wir uns über Ihre Weiterempfehlung freuen. Erzählen Sie es im Freundeskreis, berichten Sie Ihrem Buchhändler oder **bewerten Sie bei Onlinekauf**. Und wenn Sie Kritik, Korrekturen, Aktualisierungen haben, freuen wir uns über Ihre Nachricht an: Bruckmann Verlag, Postfach 40 02 09, D-80702 München, oder per E-Mail an: lektorat@verlagshaus.de.

Unser komplettes Buchprogramm finden Sie unter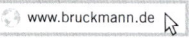

Alle Rechte vorbehalten.
Reproduktionen, Speicherungen in Datenverarbeitungsanlagen oder Netzwerken, Wiedergabe auf elektronischen, fotomechanischen oder ähnlichen Wegen, Funk oder Vortrag, auch auszugsweise, nur mit ausdrücklicher Genehmigung des Copyrightinhabers.

Die Deutsche Nationalbibliothek verzeichnet diese Publikation in der Deutschen Nationalbibliografie; detaillierte bibliografische Daten sind im Internet über http://dnb.dnb.de abrufbar.